AF385108

DE
LA CONDITION DES ENFANTS
SORTANT
DES MAISONS DE CORRECTION

RAPPORT

Lu aux Séances des 4 et 7 avril 1897 devant le Comité de défense
des Enfants traduits en Justice

PAR

M. Louis PUIBARAUD

Docteur en droit
Inspecteur Général des services administratifs
du Ministère de l'Intérieur
Membre du Conseil supérieur des prisons

BUREAUX DU JOURNAL « LA LOI »
9, Rue de la Sainte-Chapelle

1897

DE
LA CONDITION DES ENFANTS
SORTANT
DES MAISONS DE CORRECTION

RAPPORT

Lu aux Séances des 4 et 7 avril 1897 devant le Comité de défense
des Enfants traduits en Justice

PAR

M. Louis PUIBARAUD

DOCTEUR EN DROIT

INSPECTEUR GÉNÉRAL DES SERVICES ADMINISTRATIFS

DU MINISTÈRE DE L'INTÉRIEUR

MEMBRE DU CONSEIL SUPÉRIEUR DES PRISONS

BUREAUX DU JOURNAL « LA LOI »

9, Rue de la Sainte-Chapelle

—

1897

DE

LA CONDITION DES ENFANTS

SORTANT

DES MAISONS DE CORRECTION

PREMIÈRE PARTIE

Messieurs,

Dans un livre récent, un écrivain, dont l'âme est inclinée vers les humbles, a dépeint avec de tristes couleurs et montré sous un jour sombre le sort qui attend à leur libération, c'est-à-dire à leur rentrée dans la société, les enfants qu'une décision de la justice a envoyés dans les établissements pénitentiaires. Ces enfants, vous le savez, sont, pour la grande majorité (1) ceux qui, âgés de moins de seize ans, auteurs de crimes ou de délits, ont été acquittés par les Tribu-

(1) Il y a, en effet, dans les maisons de correction, des enfants, mais en nombre assez faible, qui, bien qu'âgés de moins de seize ans, ont été *condamnés*, en vertu de l'article 67 du Code pénal comme ayant agi avec discernement Par une étrange anomalie de la loi, signalée maintes fois, mais jusqu'ici sans résultat, ces enfants ne sont pas assujettis à l'éducation correctionnelle une fois leur peine accomplie. Ils subissent les six mois, l'année ou les deux années d'empri-

naux comme ayant agi sans discernement, mais qui
ont été assujettis à demeurer pendant un certain nombre d'année (ne pouvant excéder la vingtième) dans
des maisons réformatrices instituées, sous des dénomi-
nations diverses, par la loi du 5 août 1850. Cette loi,
j'ai à peine besoin d'en rappeler le titre, car elle est
pour nous une sorte de charte souvent commentée,
mais toujours avec respect, c'est « La loi sur l'éducation et le patronage des jeunes détenus ».

Par ses douloureuses descriptions, l'auteur auquel
je fais allusion a sollicité l'attention du public sur ces
enfants, et, quand je dis l'attention du public, je me
trompe, c'est plutôt l'émotion des lecteurs qu'il a vio-
lemment secouée. En effet, Messieurs, il n'était point
besoin d'un roman pour ouvrir le cœur des hommes de
bien devant ces tristesses, la dure réalité s'en était
chargée depuis longtemps. Votre présence ici même,
la continuité de vos efforts, la vie de votre Comité depuis sept ans, la création de compagnies semblables à
la nôtre dans les plus grandes villes de France, le concours que la magistrature, le barreau, les pouvoirs public vous accordent comme à l'envi, tous ce faisceau
de bonnes volontés solidarisées dans un même sentiment de commisération pour l'enfance malheureuse,
prouvent à l'évidence que la sollicitude des hommes
expérimentés était depuis longtemps en éveil et qu'aucun bourdonnement littéraire n'était utile pour l'ai-
guillonner.

Toutefois, Messieurs, il importe au regard du public de ne pas laisser une question de ce genre sans
réponse, surtout quand elle a été posée ou renouvelée

---

sonnement qui les ont frappés, puis à l'expiration de ce temps,
ils sont mis en liberté, sans être jusqu'à dix-huit ou vingt ans
soumis à l'éducation correctionnelle En réalité donc, le sort
des enfants condamnés comme ayant agi avec discernement,
est meilleur que celui des enfants ayant agi sans discernement. Il est vrai que ces enfants, condamnés en vertu de
l'article 67 ont un casier judiciaire, tandis que les enfants
acquittés en vertu de l'article 66 et envoyés en correction jusqu'à dix-huit ou vingt ans n'en ont pas.

par un esprit généreux, cet esprit eût-il été emporté par son imagination au point de passer par dessus les efforts accomplis sans même s'arrêter un instant à les connaître.

Cette question, la voici, et bien que souvent nous l'ayons cotoyée dans nos discussions, nous ne l'avons pas encore franchement abordée.

C'est l'étude consciencieuse et sans parti pris, du sort de l'enfant libéré, de cet enfant devenu jeune homme, qui, après 4 ans, 6 ans, 8 ans, parfois plus, passés dans une colonie pénitentiaire, rentre dans la vie libre, est rendu à la société, où désormais il devra gagner son pain et faire œuvre utile sous peine de retomber sous la main de la Justice.

Vous êtes-vous, Messieurs, par la pensée, mis à la place de cet enfant ? Si j'étais ami des locutions naturelles, je vous dirais : Etes-vous entrés dans sa peau ? Vous êtes-vous demandé quel accueil lui était réservé ? Avez-vous songé aux obstacles qui l'attendent sur cette route qui commence pour lui aux grilles ouvertes de la colonie et qui le mènera Dieu sait où ?

C'est ce spectacle, car c'en est un, que je voudrais représenter, en disant simplement, exactement, les précautions prises par nos soins pour atténuer les difficultés consécutives à cette rentrée dans la société et en ne cachant pas non plus les lacunes de notre œuvre.

I

Comment la porte de la colonie pénitentiaire s'ouvre-t-elle devant le jeune détenu? Est ce strictement à l'heure de sa libération définitive, c'est-à-dire à l'expiration du nombre d'années pendant lesquelles il a été soumis à l'éducation pénitentiaire ? Non. nos établissements ne sont pas l'enfer du Dante et l'enfant peut y garder l'espérance, l'espérance consolatrice de devancer l'heure légale de la libération.

Il peut, en effet, conquérir par sa bonne conduite et par la sécurité morale qu'il parvient à donner à ses directeurs, la faculté de sortir :

1° Par le placement chez les particuliers ;

2° Par la libération provisoire ;

3° Par l'engagement militaire.

Enfin l'heure de la sortie définitive sonne pour tous, bons ou mauvais, à l'expiration de la peine, c'est-à-dire au plus tard à la vingtième année. Retenez tout de suite, Messieurs, ce chiffre, la vingtième année et non la vingt-et-unième.

Chacune de ces étapes sur la route de la liberté mérite qu'on s'y arrête.

II

La première, le placement chez un particulier, est de toutes la plus intéressante à caractériser : c'est une mise à l'épreuve. L'article 9 de la loi du 5 août 1850 porte : « Les jeunes détenus des colonies pénitentiaires « peuvent obtenir, à titre d'épreuve, d'être placés pro- « visoirement hors de la colonie. »

Cette disposition est empreinte de sagesse et d'humanité. C'est grâce à elle que la décision de la justice s'atténue et qu'à l'éducation sévère et collective dite correctionnelle, peut se substituer la tutelle plus douce du patron, c'est-à dire une action privée, éducatrice, et non plus exclusivement corrective. Grâce à cette disposition, on peut dire que le jeune colon tient son sort entre ses mains. S'il est discipliné, laborieux, s'il est intéressant par son passé, par les circonstances qui ont entouré sa chute, si, pour employer un mot dont on fait abus, mais qui est ici de mise, il est sympathique, les directeurs s'ingénient à lui trouver une place dans une famille honnête d'artisans ou d'agriculteurs, sans

parler de la remise à ces œuvres de patronage que
vous connaissez tous et qui sont entretenues par les
plus honorables concours.

Comment s'opère ce placement chez des particuliers ?

Il s'opère par les soins des directeurs des colonies,
grâce à leurs relations dans le milieu environnant. On
peut affirmer que le nombre de ces placements est en
proportion de l'estime qu'inspire autour de lui le chef
de l'établissement. C'est à ce chef, bien plutôt qu'à
l'enfant, que l'on fait confiance. Et plus le directeur a
d'influence sur les enfants, mieux il a su leur inspirer
le goût du relèvement moral et plus il forme de candidats dignes de cette épreuve, capables de la soutenir
jusqu'à la délivrance finale. Nous avons, à cet égard,
accompli depuis quelques années des progrès réels.
Dans telle colonie que plusieurs d'entre vous, Messieurs, ont visitée au moment du Congrès international
pénitentiaire, sur un effectif de 400 enfants. il y en a
116 actuellement placés chez des agriculteurs, chez des
artisans, même dans des familles bourgeoises, sur un
rayon de plus de trente lieues. Dans telle autre il y en
a 108, dans celle-ci 42, dans celle-là moins importante 17. (On compte actuellement 323 enfants ainsi
placés par les soins des directeurs tant des colonies
publiques que des colonies privées.)

Ces enfants sont liés par un contrat écrit, intervenu
entre le directeur et le patron, contrat qui leur assure
la nourriture, le logement, un salaire, contrat qui peut
se rompre comme tous les contrats par inexécution
des conditions qui y sont insérées. Je crois intéressant
de le reproduire dans sa teneur telle qu'elle a été
adoptée par l'Administration supérieure :

Le patron s'engage :

1° A traiter le jeune détenu qui lui est confié avec
bienveillance et à ne pas l'employer à des travaux au-dessus de ses forces ;

2° A le loger et le nourrir convenablement. à faire
blanchir et raccommoder ses effets ;

A lui donner ou faire donner tous les soins voulus s'il vient à tomber malade ; ou bien, en cas de maladie grave, sur l'autorisation écrite du médecin et sans danger pour la santé de l'enfant, à le ramener lui-même à la colonie ou à le conduire dans un hôpital de la contrée qui sera indiqué par le directeur de la colonie ;

3° A surveiller sa conduite et à prévenir le directeur dans le cas où elle deviendrait mauvaise ;

4° A ne le sous-louer à aucune autre personne ;

5° A lui payer à titre de gages annuels la somme de .. (Ces gages varient ordinairement de 60 francs à 150 francs par an).

Lesdits gages seront versés par mois entre les mains du directeur ou du greffier-comptable de la colonie, ou encore par mois, ou tout au moins par trimestre, à la Caisse d'épargne postale au profit du jeune colon ;

Enfin, un paragraphe qui montre bien le côté familial de ce contrat termine ces stipulations. Le voici :

Chaque dimanche il sera remis au jeune domestique ou apprenti « à titre de gratification et d'encouragement, la somme de 50 centimes ».

Le patron s'engage, en outre :

6° A prévenir immédiatement le directeur par télégramme ou par lettre affranchie, dans le cas où le jeune colon quitterait sa maison sans autorisation ;

7° A le ramener à la colonie dans le cas où il aurait des raisons sérieuses pour ne pas le conserver chez lui (Le manque momentané de travail ne serait pas une raison suffisante.)

8° A n'élever aucune prétention dans le cas où l'Administration jugerait utile de lui retirer le jeune colon.

Ce contrat, dont on ne saurait méconnaître l'esprit de bienveillance et de prévoyance, ne devient définitif qu'après l'approbation ministérielle provoquée par le préfet du département.

Ceux d'entre vous, Messieurs, qui font ou qui ont fait partie des conseils de l'Assistance publique auront déjà remarqué que ce mode de placement de nos jeu-

nes colons chez des particuliers est identique à celui
que cette administration opère pour les enfants assistés,
c'est-à-dire dépourvus de famille. Il y a, en effet, parité d'efforts et au fond parité de devoirs. J'appelle dès
maintenant votre attention sur cette similitude, car
elle est de nature à nous suggérer des déductions. Mais
il importe de le dire : l'Administration de l'Assistance
a une supériorité sur l'Administration pénitentiaire.
Elle a un corps de fonctionnaires qui visitent périodi-
quement ses pupilles, fonctionnaires dont c'est l'état de
s'enquérir de la condition des enfants ainsi placés chez
des patrons, de vérifier s'ils sont en bonnes mains, si on
ne les applique pas avec trop d'âpreté au travail, si on
ne cède pas non plus avec trop d'indulgence à leurs
penchants, car les deux excès sont à redouter, le second plus encore peut-être que le premier. L'Administration pénitentiaire, elle, ne dispose pas d'un or-
ganisme approprié. Les directeurs de nos colonies font
de leur mieux, certes, mais leurs multiples occupations
les empêchent souvent de visiter leurs pupilles à des
intervalles rapprochés. Parfois, l'éloignement du lieu
de placement est un obstacle de plus. Durant la belle
saison, nos directeurs font des tournées chez les patrons
pour constater la situation morale et matérielle des
enfants Ils se rendent auprès du maire, du juge de
paix, afin de les intéresser au sort des pupilles et sol-
liciter leur protection.

Mais ces visites aux patrons et aux autorités locales
pourtant si utiles, entraînent parfois — souvent même
— un grave inconvénient : elles dénoncent, en quelque
sorte l'enfant à la curiosité, c'est-à-dire à la malignité
publique. Dans le voisinage, on prenait d'abord le
jeune garçon pour un petit domestique engagé aux
environs. Désormais on le désignera sous le nom du
« petit voleur », heureux quand on ne l'appellera pas
le « petit assassin ». On se garera de lui. Tandis que
l'enfant placé par l'Assistance publique et visité par
l'inspecteur inspire de la commisération, notre pupille
pénitentiaire, que le directeur de la colonie vient voir

de temps en temps, inspire instinctivement de la défiance.

Aussi, Messieurs, dans les lettres en nombre considérable qu'un de nos meilleurs directeurs de nos colonies pénitentiaires a bien voulu me confier, j'ai
trouvé exprimée souvent cette appréhension de voir le
passé connu et reproché par l'entourage. La plus
grande preuve de tact que puisse donner un patron,
c'est de ne pas parler au jeune apprenti de sa condition pénitentiaire. « Monsieur le directeur, écrit l'un
« d'eux, je vous dirai que mon patron ne m'a pas re-
« parlé de mon temps (une première conversation sans
« doute avait suffi) et il a été très gentil envers
« moi. »

Un autre, qui avait à retirer son livret à la poste, se
plaint qu'on lui ait rappelé son séjour à la colonie pénitentiaire, en lui signalant l'oubli d'une formalité
quelconque.

Tout cela peut avoir son côté puéril, mais on ne se
doute des sensibilités de l'enfance qu'en se rappelant
son enfance à soi-même. La moindre parole un peu
dure fait monter les larmes aux yeux, déconcerte et
décourage.

J'ai entendu, au Congrès international pénitentiaire,
quelques étrangers nous dire: « Mais pourquoi appelez-
vous les établissements de réforme, des colonies pénitentiaires ? Nous sommes infiniment plus avisés que
vous : nous les qualifions, par exemple, d'écoles agricoles, et nous dissimulons, sous ce vocable, le caractère
désobligeant de ces maisons pour l'enfant qui en
sort.

Je veux bien croire à la bonhomie des étrangers, mais
en France notre tempérament ne nous porte pas à cette
indulgente crédulité. Si un enfant se présentait chez
un patron en lui disant : Je sors de l'Institut agricole
de Mettray ou de l'Etablissement horticole des Douaires,
il ne provoquerait qu'un accueil ironique pour ne pas
dire plus et je douterais fort qu'il fût reçu bienveillam-
ment. C'est le sentiment avec lequel nous tous, Mes-

sieurs, nous recevrions une couturièie venant se présenter pour des journées bourgeoises et qui nous dirait,
en guise de référence, qu'elle sort de la maison de
confection de Saint Lazare.

Ce qu'il faudrait, Messieurs, c'est durant cette période du placement, transplanter en quelque sorte nos
enfants du domaine pénitentiaire sur le domaine charitable et les faire visiter par les inspecteurs de l'Assistance publique au même titre que les enfants assistés,
dont ils sont les frères jumeaux. Et quand je formule
cette proposition, je n'innove rien. je ne fais que me
reporter à la loi du 5 août 1850. Maintes dispositions
de cette loi sont restées inexécutées, et nous les avons
signalées déjà. Or, parmi ces dispositions, il en est
une, excellente, tout à fait prévoyante, et qui est res·
sée lettre morte, c'est celle qui est contenue dans l'article 19 ainsi conçu : « Les jeunes détenus sont, à l'épo-
« que de leur libération, placés sous le patronage de
« l'Assistance publique pendant trois années au
« moins. »

C'est donc la loi du 5 août 1850 elle-même qui fait
une obligation de ce patronage par l'Assistance publique.

C'est cette disposition inappliquée jusqu'ici sur laquelle j'appelle votre attention, car c'est elle qui opé-
rera ce que j'ai qualifié tout à l'heure de ce nom : la
transplantation du jeune détenu. Il serait ainsi porté
du domaine pénitentiaire sur le terrain charitable pour
le plus grand intérêt de son avenir, pour la plus grande
facilité de son reclassement dans la société.

Je me demande en vain quelles raisons peurraient
s'opposer à cette modification, qui ne serait, en réalité,
que l'exécution de la loi de 1850.

Lorsque l'enfant est placé chez un patron, l'Administration pénitentiaire s'applique à le débarrasser de
tout ce qui pourrait rappeler en lui le colon. Elle l'ha-
bille à neuf. J'ai sous les yeux la description de ce
trousseau que plus d'un enfant d'artisan modeste eu-
vierait :

1 complet en drap.

1 chapeau.

2 chemises.

1 cravate.

1 paire de bretelles.

2 mouchoirs.

2 paires de chaussettes.

1 paire de souliers.

En plus pour l'hiver :

1 tricot.

1 caleçon.

Le prix de ce trousseau est d'environ 44 francs.

En sus de ces vêtements, les enfants placés chez les particuliers reçoivent un costume de travail ainsi composé :

2 chemises de couleur.

1 gilet noir à manches.

1 casquette.

1 blouse.

1 paire de galoches.

1 pantalon de travail en velours.

2 paires de chaussettes.

2 mouchoirs.

Le prix de ces divers objets est de 21 francs.

Ce double trousseau revient donc à la somme de 65 francs. Et j'ajoute que les effets reçus par les enfants placés sont renouvelés au compte de l'Etat, si les gages ne sont pas assez élevés pour que les enfants puissent subvenir à leur remplacement.

Vous le voyez, Messieurs, l'Administration s'impose de très louables sacrifices pour que ces enfants ne fassent pas trop mauvaise figure chez les patrons. C'est presque un « petit monsieur » qu'on leur confie et j'ai quelquefois entendu dire qu'on les habillait avec trop d'élégance. Certes, le mot d'élégance est excessif. Ce qui est vrai, ce qu'il est bon de dire, c'est que ces enfants reçoivent des vêtements suffisamment confortables pour n'être point à plaindre matériellement.

Mais, moralement, ils emportent avec eux la tache originelle. On apprend vite qu'ils sortent d'une colonie pénitentiaire. C'est cette marque qu'il serait bien utile de faire disparaître par une remise aux mains de l'Assistance publique et par ce qu'on pourrait appeler « l'exercice » des inspecteurs des enfants assistés. Ainsi s'évanouirait une des raisons pour lesquelles ces enfants ont tant de peine à se faire bien venir de ceux qui les approchent et auprès desquels ils cherchent du travail.

S'il m'était permis de revenir sur une colonie dont j'ai eu l'honneur de vous entretenir déjà, la colonie de Frasne-le-Château, près de Gray, dans la Haute-Saône, je vous dirais que les directrices de cet établissement ont eu une idée des plus ingénieuses. Les directrices, vous avez bien entendu, Messieurs, car cette colonie de garçons est gouvernée par des femmes, par des sœurs appartenant à l'ordre de la Providence de Ribauviller, dont la maison-mère était autrefois en Alsace et qui sont toutes d'origine alsacienne. Ces dames, il est vrai, ont pris la précaution, dans le contrat les liant à l'Administration pénitentiaire de stipuler qu'elles recevront seulement les enfants âgés de moins de douze ans. Ces enfants grandissent à Frasne, sous la tutelle de ces femmes, et, quand ils arrivent à l'âge de dix-huit ans, ils n'en sont pas moins de gais jeunes gens. L'âge tendre où ils sont entrés dans la maison et l'instruction donnée par ces religieuses originaires de nos provinces perdues ont eu pour résultat apparent et un peu surprenant pour le visiteur qui les interroge, de leur avoir communiqué à tous l'accent alsacien. Mais cet accent, qui donc en France songerait aujourd'hui à s'en moquer ?

Quand ces petits colons de Frasne ont atteint la dix-huitième année, savez-vous ce qu'en font ces dames? C'est une pensée vraiment judicieuse : elles les expatrient, si l'on peut ainsi dire. Oh ! elles ne les expatrient pas outre-mer, non, mais elles les transplantent dans un autre département; de la Haute-

Saône, de la commune reculée de Frasne, elles les
envoient dans le Doubs, à Besançon. Là, où les
placent elles ? Dans une maison charitable qu'elles ont
fondée en haut d'un des faubourgs de la ville et qui
s'appelle le patronage de Saint-Claude. C'est un bâti-
ment modeste, très aéré entouré d'un vaste jardin et
qui se compose de dortoirs remarquablement propres,
d'une salle d'étude, d'une modeste chapelle, d'un réfectoire et d'une reluisante cuisine.

Logés au nombre de 15 ou 20, parfois plus, dans
cette maison, les anciens colons de Frasne deviennent
méconnaissables. Habillés à leur gré, ayant choisi
eux-mêmes leurs vêtements, dans de sages limites de
dépense bien entendu, mais choix qui assure la variété
du costume et exclut l'idée d'uniforme, ils sont placés
chez des artisans honnêtes de Besançon, artisans tra-
vaillant chez eux, en famille, couteliers, serruriers,
tailleurs, cordonniers, horlogers, et là, dans un milieu
sain, ils apprennent un état. Ils partent vers 7 heures
de la maison de Saint-Claude, après la soupe du matin,
y rentrent à 11 heures ou midi pour déjeuner et y
reviennent pour souper le soir à 8 heures, après la
sortie de l'atelier. A 10 heures, tout le monde dort.
Les repas ont lieu en commun à heure fixe, repas solides,
propres à satisfaire des appétits de dix-huit ans, et je
ne crois pas me tromper en disant que la sœur chargée des détails de la cuisine n'est pas la moins occupée
de la maison. La discipline n'est autre que celle que
trois ou quatre femmes bonnes et douces peuvent
imposer à force de raison et aussi à force de tristesse
devant une désobéissance. Les remontrances se ter-
minent le plus souvent par une larme qui n'est pas
toujours versée par le coupable. D'ailleurs, si on en
croit ces dames, grâce à l'appui qu'elles trouvent chez
les patrons et à la surveillance de ceux-ci, elles n'ont
jamais de bien grands écarts de conduite à reprocher
à leurs enfants. Elles tiennent avant tout à l'exactitude
des rentrées, mais je ne répondrais pas qu'elles ne
ferment pas les yeux sur quelques cigarettes fumées

sur la route qui monte de la ville vers cette maison de repos.

Ce patronage de Saint-Claude ne produit de si bons résultats que grâce à ce que j'ai appelé la transplantation des enfants. Ils sont loin de la colonie originelle, tout caractère pénitentiaire a disparu, jusqu'au souvenir du passé tout s'est évanoui. C'est une vie nouvelle qui s'est ouverte pour eux.

Cette maison a donc réalisé à sa manière ce que le législateur de 1850 avait imposé : la tutelle chartiable à la sortie de la colonie pénitentiaire.

Je ne me dissimule pas qu'il serait difficile d'élargir cet exemple. Mais le principe dont il s'inspire est celui-là même que la loi de 1850 a posé dans une disposition toujours obligatoire. Nous ne souhaitons qu'une chose, c'est que sous une forme administrative quelconque, l'Assistance publique accueille nos enfants libérés dans ses cadres, les surveille à l'aide de ses inspecteurs et les couvre du large manteau de son patronage respecté.

III

Le second moyen pour les jeunes détenus de sortir par anticipation de la colonie pénitentiaire est la liberté provisoire. La mise en placement chez un particulier est un des modes de cette liberté provisoire permise par l'article 9 de la loi du 5 août 1850. Elle n'exige aucune condition de temps passé à la colonie, mais simplement des présomptions sérieuses de retour au bien chez le jeune détenu. Mais il y a un second mode de liberté provisoire, c'est la remise à la famille. Pour cette remise aux parents, l'Administration s'inspire des idées consacrées par la loi du 14 août 1885 sur la libération conditionnelle. Bien que cette loi ne soit pas, en principe, applicable aux enfants envoyés dans les colonies pénitentiaires en vertu de l'article 66 du Code pénal, — puisque ces enfants ne sont pas des condamnés, — l'Administration suit cependant les sages dispositions de cette loi. Elle ne rend le plus ordinairement l'enfant à sa famille qu'après l'accomplissement de la moitié de son « temps ». En outre une enquête est faite sur la moralité de la famille et celle-ci doit s'engager, soit par elle-même, soit par un tiers, à procurer des moyens d'existence au jeune libéré. Or, il est à remarquer que si la famille avait été honorable et sérieuse au moment où l'enfant a été traduit en justice, l'article 66 du Code pénal eût permis au Tribunal de remettre l'enfant à ses parents. Il faut donc le plus ordinairement que, depuis la décision judiciaire, un changement se soit produit dans la famille de l'enfant. Ce fait est assez rare.

Il est vrai que pour les enfants « condamnés » en vertu de l'article 67, ces conditions peuvent exister dès le début ; aussi, après accomplissement de la moitié de la peine, se trouvent-ils assimilés à tous les autres condamnés auxquels s'applique la loi du 14 août 1885. J'irai même plus loin : en ce qui concerne certains de ces enfants, la loi du 14 août 1885, la loi Bérenger, n'a rien innové, tout en donnant la force de la loi à un sentiment qui s'était fait jour dans la pratique administrative. En effet, l'arrêté ministériel du 10 avril 1869 réglementant les colonies et maisons pénitentiaires affectées à l'éducation correctionnelle contenait déjà dans son article 112 la disposition suivante : « Les « jeunes détenus condamnés de dix à vingt ans d'em- « prisonnement comme ayant encouru la peine de « mort, des travaux forcés, de la déportation (art. 67) « seront placés dans les colonies correctionnelles ou « dans les quartiers en tenant lieu jusqu'à leur majo- « rité. A cette époque, s'ils ont subi la moitié de leur « peine et s'ils ont tenu une bonne conduite, leur « grâce partielle ou entière pourra être proposée Dans « le cas contraire, ils seront envoyés dans une maison « centrale et soumis au régime des adultes. »

C'est, vous le voyez, Messieurs, la loi Bérenger avant la lettre. Mais c'était un règlement d'administration, ce n'était pas l'autorité de la loi, la force de la loi, qui suggérait ce sentiment d'humanité aux directeurs.

Actuellement, il est nécessaire pour la libération provisoire que le jeune détenu présente des garanties personnelles et des garanties sociales. Il importe que sa famille ou ses répondants soient d'honnêtes gens et il faut que du travail lui soit assuré.

La libération provisoire sera à ce double prix.

Certes, ce sont là des assurances, mais qui en vérifiera la certitude, qui contrôlera la moralité de la famille ou des tenant lieu, qui se rendra compte de la sincérité et de la réalité des promesses faites? Je ne vois dans la pratique actuelle personne chargé de ce soin. La révocation de la libération provisoire est chose assez rare. Elle n'est prononcée que par une sorte d'effet du hasard si l'on ne considère que la conduite habituelle, ou comme conséquence d'une nouvelle condamnation encourue pendant la période s'écoulant entre la mise en liberté et celle de la libération légale. C'est là une situation grosse de périls, surtout si l'on considère que les jeunes détenus bénéficient dans la vie libre qui leur est restituée d'une grande indulgence.

C'est pour cela, Messieurs, que l'application de cette disposition si sage de l'article 19 de la loi du 5 août 1850 serait encore ici d'un bien utile concours. Par les visites des inspecteurs de l'Assistance publique, les enfants libérés provisoirement ne pourront plus se croire affranchis désormais de toute surveillance, et la famille ou les tiers sauront qu'ils ont des obligations morales et matérielles à remplir. Ne croyez point, Messieurs, que cette surveillance soit inutile. Dans nos études, nous parlons presque toujours au masculin et ce sont les garçons qui semblent nous préoccuper surtout. Mais il y a aussi des jeunes filles libérées provisoirement, et c'est à leur bénéfice que s'appliquerait la tutelle de l'Assistance publique exercée par ses visiteurs. On ne se doute pas du nombre des parents qui, sous les plus affirmatives promesses, ne réclament les jeunes filles que pour tirer profit de leur jeunesse. La libération provisoire doit être une mise à l'épreuve vérifiée. Ce résultat, pour être obtenu, nécessite une surveillance et une sanction. Cette surveillance et cette sanction, le procédé que j'appelais tout à l'heure « l'exercice » des inspecteurs des enfants assistés nous les procurera.

Les dangers de la mise en libération provisoire sont si visibles et les remèdes à apporter à ses risques si aléatoires, que les directeurs des colonies pénitentiaires ne la proposent que pour fort peu de détenus à l'égard desquels ils ont pu recueillir des informations sûres. C'est effectivement pour eux une grosse responsabilité morale que de relancer dans la société des enfants dont le temps de correction, fixe par la Justice, va être abrégé.

J'ai sous les yeux la statistique dressée à cet égard par le directeur très soigneux, très méticuleux, de l'une de nos colonies. Puisque c'est la première fois, en ce travail, que je cite une statistique, permettez-moi de vous dire que je n'aime guère les statistiques générales et portant sur un nombre très étendu d'années. Je vous avoue mon infériorité, je ne vois pas très clair en ces documents. Je préfère les chiffres concrets — particuliers à un établissement — fournis par des hommes soigneux sur des effectifs bien précis, à ces tableaux généraux qui aboutissent à cet effroyable mot, le pourcentage. Voici, dans une colonie parfaitement tenue, le chiffre des libérations provisoires tel qu'il m'est donné. En 1891, sur 77 jeunes détenus pour lesquels la décision de justice tombait à échéance, 0 seulement avaient été libérés au préalable, c'est-à-dire avaient vu les grilles de la colonie s'ouvrir avant l'heure définitive fixée par le jugement.

En 1892, sur 80 dont l'échéance pénale tombait cette année-là, 4 seulement avaient présenté les garanties nécessaires pour obtenir auparavant la libération provisoire, c'est-à-dire pour être rendus par anticipation à leur famille.

Enfin, en 1893, sur 74 définitivement libérables, 5 avaient été libérés avant l'heure. En 1894, sur 83 libérables, 7 seulement se sont trouvés ainsi favorisés.

Vous le voyez, Messieurs, le chiffre des libérés provisoires est très faible, et vous comprenez aisément les motifs de cette parcimonie. Les bonnes familles sont rares, et la difficulté pour ne point dire l'impossibilité de la surveillance, après la sortie, rend à bon droit les directeurs et les autorités consultés infiniment circonspects dans leurs propositions.

IV

Le troisième mode de libération anticipée des jeunes détenus est l'engagement militaire. Ici, Messieurs, je voudrais passer la plume à l homme éminent — c'est-à-dire à l'homme profondément bon — que toute la France connaît, à M. le conseiller Voisin. Il a puisé, j'en répondrais presque, dans une heure sombre où sa vie était la caution de sa loyauté, cette idée que le face à face avec la mort possible, ravive toutes les énergies et fait de l'homme un homme. Il a deviné que l'enfant coupable dépouillerait le passé en endossant l'uniforme du soldat, cet uniforme sous lequel disparaissent les inégalités sociales et qui fait de celui qui le porte un être neuf. C'est là une juste et forte conception. On peut affirmer qu'elle a plus fait à elle seule que tous les discours. Elle a transformé les âmes. Elle a ouvert devant nos enfants un horizon d'oubli où toutes les tristesses d'hier, où toutes les angoisses de demain se fondent en une lumineuse espérance, celle de servir le pays, eux, les déshérités, au même titre que ses meilleurs fils.

Cette idée rénovatrice, Messieurs, a transfiguré bien des enfants. Au régiment ils n'ont plus été les êtres tristes de la colonie, ils ont senti leurs épaules légères sous le sac, et leur regard, qui ne craignait plus la pénétration des fautes anciennes, est redevenu celui de garçons marchant droit dans la vie.

M. le conseiller Voisin est leur tuteur à tous, et si cette famille lui donne quelques soucis, elle doit lui procurer aussi bien des joies.

M. Voisin, je l'espère, nous communiquera quelque jour des extraits de ses correspondances avec les chefs de corps devenus ses collaborateurs, heureux de seconder son œuvre. Il nous donnera aussi des extraits des lettres reconnaissantes de ses pupilles, et ce sera une fête pour tous les hommes de bien d'applaudir à la récompense de ses efforts. Et quelle récompense plus belle que ces constatations : 2,080 jeunes gens sous les drapeaux, dont un tiers environ de jeunes détenus (art. 66) et 150 de mineurs condamnés. Le reste est composé d'enfants assistés et d'enfants moralement abandonnés. — Sur ce nombre 320 sont gradés, sans compter les soldats de 1re classe et les matelots brevetés, 150 sont rengagés. Enfin 5 de ces pupilles ont conquis la médaille militaire et 25 gagné des médailles diverses, signes certains de bravoure et d'honneur. Voilà, messieurs, le grand patronage, voilà la vraie transplantation, celle qui s'opère sur le domaine militaire, c'est-à-dire sur la meilleure terre de la patrie. Quant à moi, dans un ordre d'idées plus modeste, je ne puis résister à la tentation de reproduire quelques courts passages des correspondances qu'un directeur de nos colonies m'a fait l'honneur de me confier (1). Et si je les transcris, c'est parce que, fidèle à l'objet de cette étude, je tiens à montrer que nos pupilles ne sont pas les abandonnés dont on entretient le public. Ils se savent soutenus au contraire dans cette carrière militaire qui leur donne aujourd'hui la paix de l'esprit et qui sera leur caution de demain.

Voici la lettre d'un nouvel engagé. Il vient de recevoir sa feuille de route. Il écrit à son directeur : « Je « suis désigné pour aller au 26e d'artillerie, au Mans, « dans la Sarthe. Je serais très heureux si vous pouviez « me faire mettre sur la liste du patronage à M. Voisin.

---

(1) Ce directeur est M. Brun, actuellement directeur de la colonie des Douaires, l'un des hommes qui font le plus d'honneur à l'Administration pénitentiaire. Il apporte dans ses fonctions un dévouement et un amour de l'enfance au-dessus de tout éloge. La lecture des lettres qu'il a bien voulu nous confier montre quel ascendant moral cet homme de cœur exerce sur ses pupilles. C'est à lui qu'ils confient leurs espérances et aussi leurs tristesses, une fois libérés.

« Mon directeur, ne m'oubliez pas ! Je garde toujours
« mémoire des bons conseils que vous m'avez donnés
« et soyez tranquille, je ferai tout mon possible pour
« faire un bon soldat dévoué. »

En voici un autre qui vient d'arriver à Cherbourg. Il
est soldat d'infanterie de marine depuis quelques semaines : « Je ne m'ennuie pas du tout, écrit-il, j'ai
« affaire à de bons caporaux, je n'ai pas eu encore une
« seule punition, ni de corvée de surplus, ni de con-
« signe. Je vais suivre la compagnie d'instruction...
« Veuillez, s'il vous plaît, me donner l'adresse de M.
« Voisin, car je ne la connais pas et je ne puis lui
« écrire. X... (un engagé aussi) la connaît bien, mais
« il est parti en permission. Si je reçois votre réponse
« avant qu'il soit revenu, j'écrirai de suite à M.
« Voisin. »

M. Voisin est, vous le voyez, la Providence de ces
jeunes soldats. Le soin avec lequel ils réclament son
adresse en est le meilleur témoignage.

« Je suis content d'être au régiment, écrit cet autre,
« ç'a m'a retiré de dans la misère où j'étais. Je m'y
« plais bien et je m'y trouve heureux. »

Enfin, dernière lettre d'un « bleu » avant de passer aux
lettres des anciens : « Mon directeur, depuis un mois
« que je suis sorti de la colonie, mon existence a beau-
« coup changé, car, comme vous le savez, la vie mili-
« taire ne ressemble pas du tout à celle des Douaires.
« Ici, point de pardon pour les fautes les plus légères :
« il ne faut même pas répondre quand on vous punit.
« Jugez donc d'après cela quel serait mon sort s'il me
« prenait fantaisie de répondre selon la vieille cou-
« tume : C'est faux, ou bien c'est ceci, c'est cela !

« J'espère n'avoir pas besoin de la prison pour me
« discipliner. Vos conseils me servent et me tiennent
« lieu de sauvegarde contre toute chose, notre dernier
« entretien est toujours présent à ma mémoire, et
« c'est en y pensant que je m'applique à bien faire,
« à seule fin de vous contenter. Jusqu'à présent, pas
« la moindre punition. Je ne suis pas le seul dans la

« compagnie, mais sur dix jeunes soldats, huit se sont
« déjà fait punir; donc, vous pouvez voir que j'ai déjà
« fait mon possible pour bien me conduire. Dans un
« mois, je serai débarrassé de l'exercice, je ferai partie
« de la musique, et là, je serai complètement heu-
« reux. »

La musique est, en effet, une des parties de l'enseignement donné dans les colonies qui sert le plus aux en-
gagés volontaires. Quelques personnes nous ont reproché, à tort, d'appliquer nos colons à l'étude des instru-
ments. Certes, nous n'avons pas le dessein de rivaliser
avec le Conservatoire, mais nous avons remarqué que
quelques enfants avaient des dispositions pour la musique (pour le bruit, disent les ironiques) et ne fût-ce
que pour employer les heures vacantes, des leçons leur
sont données. Il en tirent un réel profit à leur incorporation. Voici un extrait de la lettre toute récente de
l'un d'eux à son directeur (janvier 1897) : « Depuis mon
« arrivée au X... de ligne, après mes classes d'instruc-
« tion, j'ai été versé dans la musique. J'ai travaillé mon
« trombone du matin au soir, et depuis le 20 décembre
« je suis trombone solo. Le chef de musique me parle
« de travailler pour concourir sous-chef et je vais com-
« mencer le cours d'harmonie. »

Celui-ci annonce à son directeur ses galons de bri-
gadier maréchal-ferrant et ajoute : « Je me trouve
« très heureux et j'espère, à ma sortie du régiment,
« pouvoir me présenter partout, car partout on m'ac-
« ceptera dans la forge. »

Vous voyez, Messieurs, l'intérêt de ce passage au
régiment pour nos pupilles. Il opère une novation à
leur égard et ils peuvent ensuite chercher du travail
sans avoir à s'embarrasser dans des explications louches
sur leur passé. Le certificat de bonne conduite qu'ils
emportent, signé du colonel et du conseil d'administration du corps, est la meilleure des références.

Certains, et ce sont les véritablement bien inspirés,
font du métier militaire leur carrière. En voici un qui
écrit de Toulon au directeur des Douaires et sa lettre a

ceci de particulier qu'il ne connaît pas personnellement
ce directeur, car sa libération remonte à plus de huit
ans, mais c'est au chef de l'établissement quel qu'il
soit — ou pour mieux dire à l'établissement lui-même
— qu'il reporte le mérite de sa situation nouvelle : « Je
« reviens de Madagascar, écrit-il à la date du 26 août
« 1896. Je suis heureux de vous apprendre le bonheur
« qui m'arrive. Je viens de recevoir la médaille
« militaire et je suis proposé pour le grade d'adjudant.
« J'ai actuellement huit ans et demi de services et je
« ferai ma carrière au régiment. »

J'ai gardé pour la fin la plus naïve et la plus
réconfortante de toutes. C'est la lettre d'un garde
républicain à cheval, ancien colon, qui écrit à son
directeur avec cette belle écriture allongée qui caractérise
la gendarmerie : « J'ai l'honneur de vous informer que
« je viens de passer dans la Garde républicaine à
« cheval. Je suis très heureux dans cette nouvelle vie,
« qui est un vrai métier et où je pourrai attendre ma
« retraite, s'il ne m'arrive pas d'accident, car je vous
« dirai que la circulation dans Paris est très difficile
« avec nos chevaux, parce que le pavé est très mauvais
« et l'on voit journellement des cavaliers tomber, mais
« tout cela est un service de précaution. Tant qu'à la
« vie, elle est bien plus tranquille que dans le régiment,
« car nous avons affaire à des hommes raisonnables, et
« d'un autre côté nous sommes mieux payés aussi...
« Nous pouvons nous marier, l'on est plus chez soi,
« mais il faut pouvoir trouver une femme qui apporte
« quelque mille francs, ce qui n'est pas facile
« aujourd'hui...

« Si Monsieur le directeur veut bien me l'accorder,
« j'irai le voir, car c'est un plaisir pour moi de revoir
« mes chefs qui m'ont élevé dans mon enfance et qui
« m'ont toujours donné de bons conseils. Aussi, je
« tiens à prouver que j'ai mis à profit ce qu'ils m'ont dit
« et dont j'espère continuer comme j'ai toujours fait
« jusqu'à ce jour ».

Messieurs, la tournure de cette lettre (je n'ose pas

dire son style) et la qualité de celui qui l'a écrite suffi-
raient à prouver que nous ne faisons pas œuvre vaine
et que nous parvenons à loger d'honnêtes gens dans la
peau d'anciens vauriens. Une lettre pareille en dit plus
qu'un roman.

Au fond, Messieurs, dans les lettres de ces soldats
qui, j'en ai la certitude, vous auront intéressés, que
voyons-nous ? La joie de la transplantation et les
effets de l'enracinement du jeune détenu sur un terrain nouveau. S'il rentre dans la société comme un
ancien coupable, même amendé (l'amendement ne se lit
pas sur la figure), s'il revient repentant mais l'oreille
basse, la vie sera bien pénible pour lui. Il ne trouvera,
suivant l'expression populaire, que visages de bois.
Mais si au contraire vous le renouvelez extérieurement,
après l'avoir amélioré intérieurement, si vous avez
rectifié sa conscience et reverni sa personne — *persona*,
qui veut dire à la fois l'individu et le masque — alors
c'est un homme neuf que vous produisez, je dis mieux,
que vous avez créé. Le régiment a opéré cette muta-
tion et le régiment a fait ce que l'article 19 de la loi du
5 août 1850 avait chargé en réalité l'Assistance publique
de faire par son intervention tutélaire. Certes, le régiment accomplit cette œuvre avec plus de clarté et sans
équivoque possible, car il oblige tout le monde à con-
sidérer comme une garantie la bonne conduite du soldat pendant les années passées au corps.

Je comptais, Messieurs, vous laisser sous l'impres-
sion de la lettre de ce gendarme, de cet ancien enfant
coupable devenu un défenseur de l'ordre, lorsqu'en
relisant le gros paquet de correspondances remises
entre mes mains, une encore m'a paru présenter un
attrait de circonstance tout particulier. C'est celle d'un
engagé volontaire qui a pris part à la grande revue
donnée au camp de Châlons, le 10 octobre 1896, en
l'honneur de l'empereur de Russie.

« Mon Directeur, écrit-il, j'ai été à Châlons, à la
« revue de l'empereur de Russie. Justement mon
« bataillon était de garde d'honneur. J'ai pu voir Sa

« Majesté à cinq mètres parce que j'étais de garde à
« côté de la tribune. Jamais, mon Directeur, je n'ai
« rien vu de si beau que le défilé et la charge de la
« cavalerie. La terre en tremblait. Les étrangers qui
« étaient présents ont pu dire la France s'est relevée.
« En effet, à voir les sabres et les baïonnettes, ça avait
« l'air vraiment menaçant. Je peux vous le dire, j'en
« étais fier. Il faut espérer, mon Directeur, que si plus
« tard on avait la guerre, la France ne serait plus battue
« comme en 1870. J'ai vu avec plaisir mon cama-
« rade P... au camp. Nous nous sommes rappelé les
« jours où nous étions encore auprès de vous. Nous
« avons été contents de dire que deux enfants des
« Douaires avaient assisté à la revue. »

J'imagine, Messieurs, que si je faisais suivre cette
lettre du nom de l'ancien enfant coupable qui l'a
écrite, je ne lui porterais point tort auprès de ses chefs
militaires. Il me suffira de dire qu'il est soldat au
bataillon de chasseurs à pied en garnison à Verdun.

Quand on lit, Messieurs, de pareilles lettres, on en
arrive à se convaincre que — quoi qu'en prétendent
les bonnes plumes et les mauvaises langues — nous
ne faisons pas œuvre vaine dans l'éducation de cette
enfance criminelle recueillie aux pieds de la Justice.

Ce ne sont pas seulement des soldats sachant servir
que nos colonies pénitentiaires donnent à nos régi-
ments, ce sont des soldats qui savent mourir. A la
colonie de Saint-Hilaire, une plaque commémorative a
été dressée en 1890 par les soins du directeur qui m'a
fourni les lettres dont je viens de vous lire les extraits.
Cette plaque porte les noms de treize anciens pupilles
morts à l'ennemi depuis 1881 jusqu'en 1889, en Tunisie,
à Madagascar et au Tonkin. A la colonie des Douaires
une plaque a été placée par les soins pieux du même
directeur, en mars 1895. Elle porte six noms d'enfants
tués, dont trois au Tonkin, en 1886 et 1887, deux en
Tunisie et un, au Sénégal, en 1890. Le Jour des Morts
une cérémonie religieuse est célébrée en leur mémoire

dans la chapelle ornée de drapeaux. Les colons se montrent particulièrement émus par cet hommage rendu à la mémoire de ceux qui leur ont donné l'exemple du devoir et du sacrifice. Il importe de reconnaître la part qui revient dans cet enseignement patriotique au directeur qui en a eu la pensée et cette pensée il l'a puisée dans son amour profond pour l'enfance coupable (1).

V

Nous voici arrivés, Messieurs, au dernier stade de cette revue, c'est-à-dire au dernier mode de sortie de la colonie pénitentiaire : c'est la libération définitive. Cette heure sonne pour tous les enfants, qu'ils soient bons ou mauvais, qu'il aient été amendés ou non. C'est l'échéance fixée par la Justice elle-même. Quand l'enfant a accompli son temps de correction, la porte s'ouvre nécessairement devant lui. Remarquez que les mauvais sujets, les incorrigibles, attendent toujours l'échéance légale. Leurs camarades, les meilleurs, ont pu bénéficier des modes anticipés de libération, le placement, l'engagement militaire, ou la libération provisoire. La libération définitive s'applique donc au plus grand nombre, et, dans ce plus grand nombre, sont inévitablement compris les mauvais. Dans quelles conditions sont-ils libérés et que vont-ils devenir ?

Messieurs, je ne vous dissimule pas que leur sort est inquiétant.

Certes, les directeurs des colonies ne les perdent pas de vue. Ils font de leur mieux pour les suivre sur ce grand chemin de la vie où ils s'engagent, pour les encourager dans leurs efforts, pour les soutenir dans leur faiblesse, pour les relever dans leurs défaillances. Mais la route est dure, il ne faut pas hésiter à le dire.

____

(1) Ces plaques commémoratives inaugurées par M. le directeur Brun à la colonie de Saint-Hilaire et à la colonie des Douaires et dont il a eu l'idée, pourraient etre placées dans les autres colonies. C'est une leçon de patriotisme et de relèvement moral permanente et qui parle aux yeux.

Voici les premières précautions prises en leur faveur.

Trois mois avant l'époque de la libération du jeune détenu, le chef de l'établissement recueille des informations sur sa famille auprès des autorités administratives du domicile de celle-ci. Il importe, en effet, de savoir entre qu'elles mains l'enfant va être remis. Si la famille est bonne, chose assez rare, car les enfants issus de familles honnêtes ne tombent guère en correction, l'enfant lui est envoyé, et le voyage s'opère aux frais de l'établissement. Il reçoit au départ un vestiaire modeste, mais neuf et de bonne qualité, qui lui permettra de se présenter partout, sans dénoncer, du moins extérieurement, d'où il sort. Ce vestiaire, qui coûte une quarantaine de francs, se compose d'un paletot, d'un gilet, d'un pantalon (ce qu'on appelle un complet), de deux chemises, d'une paire de souliers, deux mouchoirs de poche, une cravate, un chapeau rond, deux paires de chaussettes, un tricot. Et pour les filles — car si nous n'en parlons pas spécialement dans ce travail, nous ne les oublions pas — d'une robe de laine, d'un jupon, de deux chemises, de deux paires de bas, d'une paire de souliers de cuir, de deux bonnets de linge, deux serviettes, deux mouchoirs de cou, deux mouchoirs de poche.

De plus, les enfants reçoivent à leur départ une partie de leur pécule. Qu'est-ce que le pécule ? Pour vous l'expliquer, Messieurs, je n'ai rien de mieux à faire que de transcrire quelques lignes d'un rapport tout à fait remarquable que M. Georges Dubois lut en 1893 au Congrès national de patronage. Tout ce qui peut être dit d'utile sur le pécule y est présenté avec une saisissante clarté. D'une manière générale le pécule est le prélèvement fait au profit du détenu sur le produit de son travail. Mais la question du pécule n'est pas la même pour les jeunes détenus que pour les adultes : les adultes font un travail productif les jeunes détenus, au contraire, apprennent à travailler dans les maisons d'éducation. Aussi l'Administration française

a-t-elle considéré qu'au lieu d'accorder aux jeunes détenus, comme aux adultes, une part proportionnelle sur le
produit de leur travail, il convenait de leur donner des
encouragements, des récompenses, sous forme de bons
points. Ces bons points sont alloués dans les six spé-
cialités suivantes : travail, école, propreté, tenue et
conduite, instruction religieuse, exercices du corps

Les enfants reconnus méritants à raison de leur application dans ces diverses facultés reçoivent des bons
points d'une valeur modeste de cinq centimes chacun.
Le relevé de ces bons points est fait au bout de chaque
mois ; les élèves qui ont démérité subissent, à titre de
punition, l'oblitération d'un certain nombre de bons
points. On fait le total de ceux qui restent ; il constitue
le pécule des jeunes détenus.

Cette fixation de la valeur de chaque bon point à
cinq centimes est minime en elle-même : elle l'est surtout, parce qu'un règlement du 10 avril 1860, complété
par l'arrêté ministériel du 25 mars 1875, a limité le
nombre maximum des bons points, de manière à en
faire une récompense absolument insignifiante. — En
effet, il n'est attribué comme maximum par mois,
pour cent pupilles, que 600 bons points, d'une valeur
de cinq centimes, c'est-à-dire qu'au bout du mois la
moyenne, pour chaque pupille, n'est que 0 fr. 30 et
qu'au bout de l'année elle est de 3 fr. 50 Au bout de
cinq ans, par conséquent, de 18 francs, ce qui est à peu
près la moyenne du séjour dans les établissements.

Les pécules dans les colonies privées sont ordinairement plus élevés que dans les colonies publiques. Cette
différence tient à des causes multiples. Il faudrait pour
l'expliquer entrer dans des détails qui manqueraient
d'intérêt et n'auraient d'ailleurs qu'un rapport lointain
avec la présente étude. Elle dépend surtout de la di-
versité des travaux ou des métiers pratiqués par les
enfants, des dons particuliers, etc., etc.

Il est préférable de synthétiser tout cela en donnant
des chiffres. Les enfants sortant de la colonie de Mettray par exemple ont des pécules remarquablement

élevés. J'extrais du rapport général publié en 1895 sur la gestion de cet établissement, les chiffres suivants : en 1894, sur 103 libérés, 3 sont sortis avec un pécule de 200 francs, 3 avec 150 francs, 11 avec 100 francs, 42 avec 50 francs et 43 avec moins de 50 francs. Les autres colonies restent sensiblement au-dessous de ces chiffres. La moyenne la plus élevée des pécules a été, dans les trois dernières années, de 20 à 24 francs, et la plupart des enfants sortent avec moins.

En somme, si l'on veut dresser le bilan de ce voyageur en partance pour la vie qui s'appelle le jeune colon libéré, le voici : il a un vêtement complet sur le dos, un rechange de linge de corps, et un louis en poche. C'est un peu plus que les cinq sous du Juif Errant : mais ceux-ci étaient renouvelables.

Il est vrai qu'il a ce que n'avait pas cet ancêtre des vagabonds, la jeunesse, un métier dans les mains et l'intérêt cordial de ses maîtres, s'il sait rester fidèle à leurs conseils.

Que va-t-il devenir ? - Suivons le.

S'il appartient à une famille, sinon bonne, du moins non notoirement mauvaise — dans tous les cas existante (car la mort, la disparition des parents peuvent survenir durant le séjour de l'enfant à la colonie) le jeune libéré lui est renvoyé. — Si la famille a disparu ou est notoirement indigne, l'enfant est confié provisoirement soit à un orphelinat, soit à un refuge, soit à un particulier compatissant, soit à l'Assistance publique en dernier ressort.

Ne compliquons point les hypothèses et prenons la plus générale, celle du renvoi dans la famille.

Cet enfant libéré a été appliqué aux travaux agricoles, il saura travailler la terre, soigner les bêtes, conduire une charrue. S'il a été classé dans les ateliers de la colonie se rapportant comme dit la loi du 5 août 1850 aux industries agricoles, il aura fait du charronnage, de la ferrure, de la taillanderie. Et comme ces travaux ont été très sagement étendus, il pourra connaître la menuiserie, la cordonnerie, suffisamment pour

demander du travail. Souhaitons alors pour lui que
son origine familiale concorde avec le métier qu'il aura
appris. S'il a été employé au labourage et qu'il rentre à
Paris retrouver sa famille, il lui faudra changer son ou-
til d'épaule, car on ne laboure guère dans la capitale.
S'il a appris un métier industriel, il sera plus heureux,
même s'il revient à la campagne. Quoi qu'il en soit, à
18 ans ou à 20 ans, il se placera assez difficilement si
sa famille n'a pas des aboutissants dans la partie. S'il
se présente comme apprenti, c'est un peu tard; s'il pré-
tend à être ouvrier, voulant gagner un salaire, c'est
trop tôt, et d'ailleurs est-il suffisamment habile pour
être embauché comme ouvrier payé? Il lui faudra à
toute force expliquer cette condition équivoque. D'où
vient-il ? Quelles références offre-t-il ? Fatalement il
lui faudra avouer qu'il sort d'une colonie correctionnelle.

Certes il se trouvera probablement un patron pour
lui tendre la main. Sera-ce le premier qu'il rencon-
trera ? Sera-ce le second ? Sera-ce le dixième? Et à la
campagne, même dans les travaux urgents de la mois-
son ou de la vendange, sera-t-il embauché pour longtemps, en admettant qu'il ne reçoive pas dès le début
un accueil rébarbatif ? — Non : c'est à peine s'il sera
retenu pour quelques semaines. Le moment de presse
fini, il sera congédié. A quoi bon conserver un garçon
qui sort de prison (car on dira prison) alors que de
braves gens sont là demandant du travail !

Il sera ballotté ainsi de place en place. La grande route
le ressaisira. Oh, je sais bien, vous ne manquerez pas de
lui dire — et je le dis moi-même avec un air convaincu
— travaillez bien, mon ami, soyez docile, soyez laborieux, abattez de la besogne comme quatre, et vous verrez, le patron vous gardera, car il se dira : « voilà un bour-
reau de travail, il ne faut pas que cet ouvrier-là me
quitte. » — C'est parfait et nous sommes tous féconds en
paroles excellentes. Mais la réalité est que ce garçon
n'est pas un abatteur de besogne supérieur aux autres,
qu'isolé, sans point d'appui dans le pays, sans famille

avec laquelle il faudrait compter si on le renvoyait, il est mis de côté avec une facilité extrême et il retombe dans l'incertain.

Et puis les jours s'écoulent. Entre la vingtième année où il a été libéré à jour fixe et le courant de la vingt et unième où il tirera au sort pour entrer au régiment, l'intervalle va chaque jour se rétrécissant. S'il trouvait une place, il est évident qu'il ne pourrait y demeurer longtemps. Alors à quoi bon se mettre en quête ? Il finit par se persuader à lui-même que sa recherche sera infructueuse, car son embauchage serait sans intérêt pour un patron. Il se forge de mauvaises raisons, ayant des apparences de justesse, pour ne pas chercher d'engagement. Il se livrera alors à ces besognes accidentelles, passagères, qui laissent ensuite l'homme dépourvu, mais ayant mordu à cet attrait de la libre disposition de soi (à certaines heures) qui est la plus funeste des conditions pour gagner quotidiennement son pain. La misère arrive, et si ce n'était qu'elle, mais ce sont les détestables fréquentations qu'elle amène, les révoltes de l'esprit, la haine pour ceux que le sort a mieux partagés. Puis c'est le délit qui s'offre sous la main, facile à commettre, en apparence facile à cacher. Enfin, c'est la lourde main de la police, que seuls les honnêtes gens accusent de lenteur, qui s'abattra sur son épaule. Et voilà la récidive !

Combien ces mois qui s'écoulent entre la vingtième année, date de la sortie de la colonie pénitentiaire, et la vingt et unième année, date de l'incorporation militaire, sont dangereux pour nos malheureux libérés des colonies. Quel est l'homme bien inspiré qui présentera un jour aux Chambres un projet de loi, prolongeant jusqu'à l'incorporation militaire, la durée de l'éducation correctionnelle ? Quand donc sera supprimé cet entre temps néfaste qui semble disposé tout exprès pour la culture de la récidive, car il n'y a rien à faire de sérieux ni de durable dans cet intervalle pour ceux qui n'ont ni foyer ni famille.

Mais, objectera-t-on, que ces jeunes gens s'engagent : le régiment est là. Eh bien, Messieurs, dussé-je vous surprendre, non, le régiment avant l'heure légale de la conscription n'est pas ouvert aussi aisément que vous le pensez. Le recrutement ne met aucune hâte à recevoir les anciens libérés des colonies pénitentiaires quand ils se présentent sans références. Il lui paraît qu'il est toujours temps d'enrôler des mauvais sujets. Les directeurs des colonies vous diront tous, que même pendant le séjour des jeunes détenus, ils ont des difficultés réelles à les faire admettre. Ces directeurs, même ceux à la parole desquels leurs beaux services dans l'armée ou dans la marine donnent un poids particulier, doivent attester d'une manière formelle les bonnes dispositions morales des colons qu'ils présentent à l'engagement volontaire. A plus forte raison cet engagement devient-il extrêmement difficile, pour ne pas dire impossible, à ceux qui, une fois libérés et sortis de la colonie, n'ont plus derrière eux le directeur pour répondant.

J'ai à cet égard sous les yeux des lettres navrantes de colons qui, pendant cet atroce intervalle, ont été condamnés par la justice et qui supplient leur ancien directeur de les aider à contracter un engagement volontaire. En voici une datée de la maison centrale de Fontevrault et écrite par un jeune homme de moins de 20 ans retombé sous la main de la justice. C'est un cri de détresse : « Monsieur le Directeur, je viens vers « vous. Je vous prie de vouloir bien avec compassion « jeter les yeux sur moi, car je suis sans soutien, « sans appui, sans ressources. La sortie de ma déten- « tion est effrayante. Relevez-moi de cette triste vie. « Je viens vous demander si vous pouvez vous occu- « per de me faire engager à ma sortie, dans n'importe « quel bataillon, où le hasard se trouvera. Je viens à « vous, Monsieur le Directeur, qui êtes mon dernier « espoir. »

En voici une autre tout aussi caractéristique de cet état lamentable qui suit la sortie de la colonie et qui disparaîtrait si le séjour s'y prolongeait jusqu'à la vingt et-

unième année, car le régiment s'ouvrirait immédiatement
à la façon d'un refuge. Elle touchera M. Voisin : « Mon
« directeur, je vous écris pour vous apprendre dans
« quelle misère je me trouve. Je suis sans travail, sans
« pain, et je suis dans la plus profonde misère qu'il y
« ait. Je ne connais personne qui puisse me soulager et
« c'est pour ça que je m'adresse à vous. Le jour où je
« suis sorti de votre colonie je vous ai dit, si vous vous
« rappelez, que j'aimerais mieux être placé par vous
« que d'aller à mon pays, car j'aurais été plus heureux.
« Mon directeur, quand j'étais dans votre colonie, je
« vous ai entendu parler de M. Voisin, de ce brave
« homme qui fait du bien à tous les pauvres orphelins.
« Je sais qu'il demeure à Paris, mais je ne sais pas
« l'adresse. Si vous aviez la bonté de m'envoyer une
« petite lettre, je pourrais la lui présenter, je n'ai que
« vous pour me secourir, car, mon directeur, je serais
« forcé de mendier mon pain. »

Cette lettre — comme toutes les autres d'ailleurs —
n'est point restée sans réponse, et je lis le résumé de
cette réponse au verso : « Engagez vous. Allez voir
« M. Voisin, 11 bis, rue de Milan et avisez moi de vos
« intentions » Je le répète, que de tristesses épargnées
si ces enfants restaient dans la colonie jusqu'à la vingt
et unième année ou, pour mieux dire, jusqu'à
l'incorporation.

Voici une autre lettre d'un libéré de la colonie depuis
quelques semaines, qui était rentré dans sa famille au
Havre : « J'ai bien du mal à trouver du travail dans la
« position où je me trouve. Je croyais que la liberté
« serait toute rose, mais je vois que je m'étais trompé.
« Elle est belle, mais la misère est bien grande. Je
« désirerais bien être encore dans votre établissement
« où j'ai été heureux pendant très longtemps. En faisant
« mon devoir, je n'avais rien du tout à m'occuper; à
« présent je vois que la nourriture coûte très cher.
« Quand j'étais chez vous, j'étais comme les autres, je
« me plaignais de la nourriture, et maintenant je me
« contente bien d'un morceau de pain et d'un verre

« d'eau quand on peut le trouver. Mon cher directeur,
« je prends patience, et, malgré ma misère, je resterai
« toujours honnête pour faire honneur à votre établis-
« sement. »

Ai-je besoin de vous dire que ces cris de détresse,
surtout quand ils sont sincères comme celui-là, ne restent pas inécoutés. Quelque envoi d'argent vient secourir ces malheureux et les empêcher de tomber dans
le délit qui les guette.

Ces jeunes gens comprennent si bien que l'engagement militaire est leur refuge et que cet intervalle entre la sortie de la colonie (à la vingtième année) et l'incorporation est rempli de péril pour eux, qu'ils en
viennent à refuser les privilèges de la loi militaire en
faveur des cadets de famille. Voici une lettre écrite
par un jeune homme sorti de la colonie et qui
n'a plus de travail : « Je vous en prie, Monsieur
« le Directeur, aidez-moi à contracter un engagement.
« Pour vous prouver la pureté de mes intentions, qu'il
« vous suffise de savoir que j'ai un frère âgé d'un an de
« plus que moi et que par conséquent en attendant
« l'appel de ma classe je ne ferais qu'un an, tandis
« qu'en m'engageant j'en ferai trois. »

Mais les années s'écoulent. Le jeune libéré plonge
dans la vie tout entier. Que de fois il est submergé de
toutes parts. sans point d'appui, exposé à tous les tour-
billons. Il va être englouti. A qui tend-il les mains ? à
son ancien directeur de la colonie. Il sait bien qu'eût-
il été le plus indiscipliné des colons, son appel déses-
péré sera entendu. Voici la lettre d'un condamné. C'est
de la prison qu'il écrit : « Mon Directeur, combien j'ai
« eu tort de ne pas suivre vos conseils. C'est là ce que
« ma conscience me reproche. Que de fois pendant ma
« captivité je me rappelle vos paroles bienveillantes.
« Que de fois en contemplant l'horizon lointain comme
« l'oiseau prisonnier, je gémis sur ma liberté perdue,
« tandis que si j'avais suivi la voie que vous m'avez
« tracée, je serais heureux et content et au service de
« ma famille, quoiqu'elle est misérable et pauvre, qui

« en ce moment déplore ma légèreté.Que n'ai-je su pro-
« fiter de votre bonté et me souvenir de vos préceptes,
« lorsque vous nous donniez connaissance des lettres
« de ceux des anciens colons qui étaient tombés dans
« le malheur comme moi et dont vous nous faisiez lec-
« ture dans le réfectoire..... C'est quand on est sorti
« qu'on peut comprendre tout cela. »

Autre lettre, celle-ci, d'un ouvrier sans travail. C'est
vers son ancien directeur qu'il se tourne : « Voici un
« mois que je ne travaille plus à cause de la morte-
« saison, car l'on garde toujours les plus anciens. Les
« pupilles, quand ils sont dans l'établissement, croient
« que dehors tout est d'or. Mais il se trompent beau-
« coup, car dehors le travail est très difficile à trouver,
« surtout à X..... Au dehors, on dit que dans
« cette ville de 48,000 âmes l'industrie est florissante.
« Je n'y ai pas trouvé d'occupation. Si je m'étais
« rappelé de l'adresse de Monsieur Rollet je lui aurais
« écrit pour lui demander s'il ne pourrait pas me pro-
« curer du travail. Mais je ne m'en rappelle pas. J'ai
« été voir au Bureau de bienfaisance pour avoir un
« petit secours, car l'hiver il y a des dons supplémen-
« taires pour les ouvriers sans travail. Il m'a été ac-
« cordé trois livres de pain et un demi-hectolitre de
« coke. Malgré tous les ennuis d'être sans travail, je
« suis toujours mon chemin droit. J'ai une bonne con-
« duite... Je suis allé chez un charron ce matin. Il m'a
« demandé : savez-vous faire les grandes roues... Non,
« Je n'avais pas appris cela à la colonie. Eh bien alors,
« m'a-t il répondu, vous ne pouvez pas faire mon
« affaire. »

Vous le voyez, Messieurs, c'est bien ce que je vous
disais tout à l'heure. Nos colons sont trop âgés pour
être apprentis, et d'ailleurs il faut gagner sa vie, et ils
ne sont pas toujours assez habiles dans le métier pour
faire des ouvriers payés. D'où la difficulté de trouver
du travail.

Continuons, Messieurs, cette odyssée douloureuse.
C'est de la prison elle-même que vont sortir les suppli-

ques et c'est toujours vers le directeur que se tendent les mains implorant du secours : « Je vous écris ces
« lignes pour vous faire savoir que je suis dans une
« triste position de mon corps. Je suis condamné à
« deux ans de prison. J'ai bien du chagrin aujour-
« d'hui. J'aurais dû écouter vos bons conseils. J'espère
« qu'un jour je reprendrai le chemin de l'honneur.
« Dites bien à mes camarades de ne pas écouter les
« conseils des autres. Surtout, Monsieur le Directeur,
« ne faites pas savoir à mon pauvre père que je suis
« en prison, car il est déjà bien vieux et le chagrin le
« ferait bientôt mourir. Ne croyez pas, mon cher
« Directeur, que j'aie le cœur méchant, non, je pleure
« souvent le soir en pensant à ma position et à mon
« père qui est dans une profonde misère. Monsieur,
« envoyez-moi une réponse s'il vous plaît, car je serai
« moins en chagrin en recevant de vous une lettre.
« Maintenant la société ne me regardera plus. Elle me
« repoussera et je serai seul sur cette terre dans un
« profond chagrin par ma faute. »

Et après les lignes finales de salutation et de respect, après la signature, ces mots tout au bas de la page, qui ressemblent à un cri d'enfant :

« Je vous demande pardon ».

Qui dira encore, Messieurs, après ces lignes touchantes, que la colonie pénitentiaire, que le directeur qui la gouverne, ne laissent au cœur des jeunes détenus que ressentiment et amertume !

Une dernière lettre et j'ai fini. Mais celle-ci est si caractéristique que je la donne comme un document — un document humain, suivant l'expression consacrée.

Elle est écrite par un détenu de la prison de la Santé et elle porte la date toute récente du 24 décembre 1896. La voici presque en entier : « Monsieur le Direc-
« teur, c'est avec un grand chagrin que je vous écris
« cette lettre, surtout en vous apprenant que je suis à
« la Santé en train de faire six mois de prison, car je
« crois que vous n'auriez jamais cru que j'en serais
« arrivé à ce point. Mais que voulez-vous, mon Direc-

« teur, j'avais quitté la place que vous m'aviez donnée
« et où j'avais resté une année et demie, et j'espère
« que le patron n'a eu aucun reproche à me faire sur-
« tout pour le travail, car vous le savez vous-même
« quoique ayant un peu la tête légère, j'ai toujours été
« bon ouvrier.

« Mais je m'ennuyais de ne pas revoir mes parents
« que ne n'avais pas vus depuis longtemps et surtout,
« croyant que la vie de Paris était rose, j'ai demandé
« mon compte bien gentiment à mon patron et je me
« suis en allé.

« En arrivant à Paris, tout allait bien. On me fit en-
« trer chez un maraîcher où je gagnais 50 francs par
« mois, nourri et couché. J'espère que c'était joli pour
« mon arrivée, mais au bout de cinq mois et demi que
« j'y étais, il ne fallait plus qu'un domestique au lieu
« de deux, et comme c'était moi le dernier entré dans
« la maison, j'ai été forcé de m'en aller. Il faut vous
« dire aussi que j'étais le moins savant dans le métier.
« Alors je me suis cherché une autre place dans le mé-
« tier et je n'en ai pas trouvé, car je vous dirais que
« je suis très difficile à me placer, car je ne suis pas
« pas bien grand, mais pourtant je fais du travail aussi
« bien qu'une grande personne. Alors, pour vous en
« finir, j'ai fait le garçon paveur et le garçon maçon et
« le garçon marchand de vins. En deux mots, j'ai fait
« un peu de tout, car il n'y a pas de sots métiers. Mais
le malheur a voulu que je sois un certain temps sans
« travailler. Et il a fallu manger, et pour manger, quand
« on a pas d'argent, il faut mendier, ou si vous ne voulez
« pas mendier, il faut voler. C'est ce que j'ai fait, je
« ne m'en cache pas de vous le dire, trois fois, car vous
« le savez bien que j'ai toujours été franc surtout envers
« vous, mon Directeur, car je n'ai rien à vous cacher,
« car vous avez été pour moi ainsi qu'envers mes ca-
« marades comme un père de famille est avec ses en-
« fants.

« Eh bien, je vous demanderai, mon Directeur, que

« si vous vouliez bien me l'accorder, de me replacer
« dans une maison quelconque pour que je sois éloigné
« de la mauvaise fréquentation venue par le manque
« de travail qui m'a entraîné à mal faire et que si je
« restais à Paris plus longtemps, ça serait mon mal-
« heur tout à fait. Si je vous demande cette faveur,
« c'est dans l'espoir de devenir honnête et de bien
« suivre vos conseils. Je sors le 5 avril. J'irai vous
« trouver en sortant et vous verrez ma misère. »

Cette lettre, je vous l'ai dit, Messieurs, est datée du
24 décembre.

Quel accueil a-t-elle reçu ? Voici en marge ce que je
lis, écrit de la main du directeur : « Répondu le 29 dé-
« cembre que j'irai le voir à mon prochain voyage à
« Paris et que je le placerai près de moi en avril. »

Et maintenant je vous demande, Messieurs, quel est
celui qui a l'âme la mieux inclinée vers les humbles,
du romancier qui qualifie de « bagne moderne » nos
colonies de jeunes détenus, ou de ce directeur qui tend
la main à un voleur repentant ?

DEUXIÈME PARTIE

Dans la première partie de ce travail, je me suis appliqué à mettre en saillie deux idées :

La première, c'est que pendant la durée même de leur assujettissement à l'éducation correctionnelle, les enfants envoyés par la justice dans les colonies pénitentiaires pouvaient, soit par le placement chez des particuliers ou dans des institutions de patronage, soit par la libération provisoire, soit encore par l'engagement volontaire, s'acheminer dans des conditions relativement douces vers l'époque de la délivrance légale, et que, à aucune de ces étapes, l'aide, les conseils, l'appui moral et parfois matériel de leurs directeurs ne leur manquaient ;

La seconde idée — qui est la raison même de cette étude — c'est que, nonobstant cette tutelle fidèle de leurs directeurs, la situation de ces enfants était singulièrement précaire et douloureuse à cause de la défaveur que jette sur eux leur origine correctionnelle : chez le patron, c'est la curiosité, c'est à-dire la malignité publique qui les guette ; en état de libération provisoire, c'est la défiance qui les environne, et dans leurs familles, le plus souvent détestables, ce sont les pernicieux exemples ou les insidieux conseils qui les circonviennent. En un mot partout — sauf au régiment, où la discipline les garde — les enfants libérés de nos colonies pénitentiaires sont exposés au péril moral, sans guide et sans soutien.

Et alors, m'appuyant sur l'article 19 de la loi du 5 août 1850, qui dispose que les jeunes détenus des deux sexes seront, à l'époque de leur libération, placés sous le patronage de l'Assistance publique, pendant trois années au moins, j'ai eu l'honneur d'appeler votre attention sur cette question grave entre toutes, savoir si cette disposition de la loi du 5 août 1850, restée jusqu'ici lettre morte, ne contenait pas précisément le remède ou tout au moins un palliatif efficace à cette dangereuse situation.

Les auteurs de la loi de 1850 dont on ne saurait assez proclamer l'esprit de sagesse et de prévoyance, ont entendu, à mon sens, réaliser par ce patronage de l'Assistance une double conception : Opérer d'abord ce que j'ai cru pouvoir appeler la transplantation de l'enfant, c'est-à-dire le retirer de l'ingrat domaine pénitentiaire pour le placer, à sa rentrée dans la société, sur le terrain favorable de la charité. Ils ont voulu commuer sa personnalité peu flatteuse d'ancien correctionnel en celle d'enfant assisté ; c'est-à-dire, par définition, d'enfant malheureux et digne de pitié. Ils ont pensé qu'après une longue correction, l'enfant pouvait et devait entrer dans cette grande famille qui est la famille de ceux qui n'en ont pas, l'Assistance publique.

La seconde idée du législateur de 1850 a été caractérisée par ce mot de patronage dont il se sert dans l'article 19, et précisée par la durée même de 3 ans au moins assignée par lui à ce patronage. C'était là une surveillance bienveillante exercée sur le jeune homme. assez longtemps pour qu'il pût s'affermir dans sa vie nouvelle, s'ancrer dans une profession, s'acclimater à la liberté et aux responsabilités qu'elle impose. Ce n'était pas la surveillance de la police, c'était la sollicitude de la charité, ce n'était pas la main qui tient l'homme par le collet, c'était l'appui de la main tendue et parfois l'aide de la main ouverte.

Ces trois premières années qui suivent la sortie de la colonie pénitentiaire sont, en effet, décisives pour l'avenir du jeune homme rendu à la liberté. Les enseignements reçus à la colonie pénitentiaire sont encore présents à l'esprit, l'influence morale des maîtres est encore vivante. Si ces souvenirs sont respectés, si l'enfant s'en inspire, il se détournera des mauvais exemples, restera fidèle au travail et suivra la droite route. Mais si au contraire la discipline de la conscience est répudiée comme une gêne, si les mauvais exemples du dehors frappent un cerveau vidé des bonnes leçons ou une volonté désormais sans guide, tout est à redouter, car la résistance au mal, au mal parfois séduisant, devient nulle.

Or, ce serait ne point avoir été jeune soi-même que de prêter à un garçon de vingt ans la force nécessaire pour se diriger seul, surtout quand il ne vit pas, par les nécessités mêmes de son métier, dans un milieu sérieux et qu'il n'a point une famille honnête où se retremper. Ce patronage de l'Assistance publique exercé par ses visiteurs, fut il intermittent, créera un contrôle, Il faudra à une heure donnée, sinon rendre compte de son genre de vie, du moins le laisser deviner, par suite recevoir un conseil, même un salutaire avertissement. Le patron sera vu, interrogé, écouté. Si la conduite du jeune homme est droite, la louange et l'encouragement suivront, si elle s'infléchit du mauvais côté, les observations d'une part ne seront pas épargnées et la surveillance d'autre part sera rendue plus étroite. En un mot, le jeune homme sera suivi dans sa conduite, raffermi au besoin par de saines paroles et il ne se sentira pas livré à lui-même.

Mais, objectera-t-on, quelle sera la sanction de cette tutelle morale? Si ce jeune garçon méconnaît les conseils qui lui seront donnés, s'il déserte le travail, s'il s'abandonne à l'inconduite, quel recours aurez-vous? Cette sanction, Messieurs, elle sera dans la durée même de la surveillance. Suivre durant trois années, un jeune ouvrier dans les modifications de sa vie,

noter pendant trois années les progrès de son travail ou
les arrêts de sa paresse, se tenir en contact avec ses
maîtres, apparaître derrière lui comme un vivant
reproche s'il a d'aventure affaire à la police ou à la
justice, se constituer en sa faveur à l'état de caution
s'il se conduit bien, se montrer attristé et même
sévère s'il tourne mal, être appelé à fournir en toute
occasion des témoignages à son endroit, n'est-ce pas là
tout un système d'interventions, les unes favorables,
les autres redoutables, avec lesquelles il faudra bien
compter.

Le patronage de l'Assistance publique aura cet autre
caractère qu'il sera un patronage obligatoire, auquel
on se soustraira difficilement et qui se retrouvera partout. Il créera des devoirs réciproques il établira des
contacts permanents, il sera, en un mot, la tutelle,
morale, avec les obligations et les garanties de toute
tutelle, même quand le pupille est indocile et récal-
citrant.

Le point important est de continuer durant trois
années l'action salutaire des enseignements reçus, d'en
empêcher l'effacement, d'en consacrer l'efficacité. Au
bout de ce laps de temps, de deux choses l'une, ou l'effet
utile sera conservé et on pourra bien augurer pour l'a-
venir, ou les bons principes seront emportés dans le
tourbillon de la vie et alors, tant pis pour le jeune
homme : il sera sa propre victime et n'aura point à se
plaindre, car il sera l'artisan de son infortune.

J'ajoute que cette tutelle de l'Assistance publique
sera pour lui une sécurité matérielle. Le patron sentira
que ce jeune garçon a un répondant et en usera moins
à son aise avec lui. La loi sur le travail des enfants
dans les manufactures a créé une surveillance qui est
aujourd'hui passée dans la pratique et qui ne rencontre
aucune résistance. En quoi ce patronage institué par la
loi du 5 août 1850 sera-t-il plus désobligeant ?

Quant à son utilité, Messieurs, les faits sont là pour
l'établir On ne se doute même pas dans le milieu le
mieux informé, et vous êtes, Messieurs, dans ce milieu

là, de la gravité de la situation telle qu'elle ressort de l'examen des documents authentiques.

En effet, quant on étudie la question de la récidive chez les jeunes gens détenus sortis des colonies pénitentiaires, on éprouve un sentiment de cruelle surprise en présence des résultats que livrent les casiers judiciaires. J'ai fait ce travail, Messieurs, pour cinq colonies, deux colonies publiques et trois colonies privées. J'ai pris les années 1892 et 1893 et j'ai recherché le casier judiciaire de chacun des enfants libérés dans ces colonies durant ces deux années.

Les colonies publiques sur lesquelles j'ai ainsi opéré sont celles des Douaires (Eure) et celle de Saint-Maurice (Loir-et-Cher).

Pourquoi ai-je choisi de préférence ces deux colonies ? C'est parce que leur population à un caractère particulier. Aux Douaires sont envoyés les enfants des départements agricoles de l'Ouest et aussi les enfants de la côte normande, des ports du littoral, Dunkerque, Boulogne, Dieppe ; le Havre, etc.

A Saint-Maurice, au contraire, la majorité des enfants est d'origine urbaine et principalement parisienne ; ils proviennent aussi des départements limitrophes, de Seine-et-Oise, Seine-et-Marne, Loiret. Il y a donc une grande différence dans la nature des populations de ces deux colonies et il y a une plus grande différence encore dans les localités où les enfants se rendent après leur libération.

J'ai choisi d'autre part les colonies privées de Mettray, de Sainte-Foy et de Bologne parce que chacune d'elles représente un type différent d'éducation pénitentiaire. La première a réalisé le système des petits groupes grâce à son aménagement si bien entendu et à sa division en familles. Cette colonie est restée fidèle aux traditions et au système d'éducation légués par M. Demetz et que les directeurs successifs ont eu à cœur de conserver.

La seconde colonie, Sainte-Foy, a un caractère confessionnel très marqué ; elle ne reçoit que des enfants appartenant à la religion réformée et elle est dirigée par un pasteur avec l'aide de collaborateurs protestants. Là encore il y a une méthode particulière d'éducation.

Quant à la colonie de Bologne elle réalise le type industriel. C'est !une fabrique de couteaux avec tous les procédés de division lu travail en usage dans l'industrie moderne.

J'ai fait porter mes recherches sur les années 1892 et 1893, pourquoi ? Parce que d'une part j'opérais ainsi pour les effectifs libérés en 1893, sur une période de trois années pleines, 1894, 1895, 1896, et que, durant trois années, on est en droit de penser que l'influence de l'éducation pénitentiaire est encore vivante. Mais j'ai retenu aussi l'année 1892 qui me permettait d'obtenir les résultats après quatre années de liberté, parce que, je pouvais de la sorte, apprécier l'effet du temps, c'est-à-dire d'une année en plus de responsabilité.

En 1892, 77 jeunes détenus ont été libérés à la colonie des Douaires. Fin 1896, c'est-à-dire après quatre ans; que trouvons-nous ? 30 sur ces 77 libérés sont retombés sous la main de la justice, soit 38 96 0ı0.

Comment se répartissent ces condamnations :

8 libérés ont encouru	1 condamnation.			8
6	»	2	»	12
4 .	»	3	»	12
5	»	4	.»	20
2	»	5	»	10
2	»	7	»	14
2	»	8	»	16
1	»	9	»	9
1	»	10	»	10
30	Total des condamnations. .			107

Ces 30 jeunes libérés ont donc accumulé sur leurs têtes une collection de 107 condamnations en 4 ans, soit une moyenne de 3 unités 56 centièmes.

En 1893, 88 jeunes détenus ont été libérés de la même colonie des Douaires.

Fin 1896, c'est-à-dire trois ans plus tard, que révélent leurs casiers judiciaires ? C'est que 28 d'entre eux ont été condamnés de nouveau, soit 31,81 0[0 — notez tout de suite la différence avec 1892. — En quatre ans de liberté, nous avions 38,96 0[0 de récidive ; en trois ans, nous n'avons que 31,81 0[0, soit 1'e augmentation de 7 0'0 pour une année de plus. Je ne donne pas d'ailleurs cette comparaison comme absolument rationnelle, car il est évident que le temps — ici une année de plus — n'est pas un critérium infaillible, puisque les sujets libérés cette année peuvent être ou meilleurs ou pires que ceux de l'année précédente. Néanmoins, nous retrouverons partout l'influence du temps écoulé et voilà pourquoi, malgré le manque de certitude de cette donnée, il importe de ne pas la négliger.

Comment se répartissent les condamnations sur ces 28 récidivistes :

8 ont été condamnés		1 fois		8 condamnations	
9	»	2	»	18	»
5	»	3	»	15	»
1	»	4	»	4	»
1	»	5	»	5	»
2	»	6	»	12	»
1	»	7	»	7	»
1	»	8	»	8	»
28	Total.			77 condamnations.	

Ces 28 libérés ont donc réuni 77 condamnations, sur leurs têtes, soit une moyenne de 2 unités 75 centièmes.

On voit par ce tableau que non-seulement les années ont une action sur le tant pour cent des récidivistes, mais aussi sur le nombre des condamnations de chacun. La quantité et la qualité — la mauvaise qualité — vont s'augmentant d'année en année.

Passons à la colonie de Saint-Maurice qui reçoit surtout des enfants d'origine urbaine. enfants qui, après leur libération, retournent tous ou presque tous à la ville et en grand nombre à Paris. Cette constatation suffit à faire prévoir que la récidive sera accentuée, car le danger est infiniment plus grand pour la jeunesse dans les grandes villes que dans les campagnes.

Sur 80 jeunes détenus en 1892 dans cette colonie, 39 avaient encouru des condamnations à la fin de 1896, soit en quatre ans une proportion de 48,75 0[0 de récidivistes se répartissant ainsi :

16 libérés ont encouru	1 condamnation	16
7 »	2 »	14
8 »	3 »	24
2 »	4 »	8
3 »	5 »	15
1 »	6 »	6
2 »	7 »	14
39 libérés.	Total des condamnations.	97

Au total 97 condamnations se répartissant sur 39 têtes, soit une moyenne de 2 unités 48 pour chaque.

En 1893, 74 libérés sortent de la même colonie et 27 d'entre eux, trois ans plus tard, fin 1896, avaient encouru des condamnations, soit une proportion de 37,83 0[0.

Ces condamnations se répartissent ainsi :

12 libérés ont encouru	1 condamnation	12
7 »	2 »	14
1 »	3 »	3
3 »	4 »	12
»	5 »	15
1 »	7 »	7
27 libérés.	Total des condamnations.	63

Soit un total de 63 condamnations, ce qui donne une moyenne de 2 unités 33, inférieure à la précédente, conformément à notre remarque sur l'action du temps.

Passons maintenant à la colonie de Mettray.

En 1892, 100 jeunes détenus exactement sont libérés de Mettray. Quatre ans après, fin 1896, 36 sont retom-

bés sous la main de la justice, soit 36 0|0 de récidi-
vistes

Les condamnations se répartissent ainsi :

21 ont encouru	1 condamnation	21
5	» 2 »	10
3	» 3 »	9
2	» 4 »	8
3	» 5 »	15
1	» 6 »	6
1	» 7 »	7
36	Total des condamnations	76

Soit 76 condamnations sur 36 têtes ou une moyenne
de 2 unités 11 centièmes.

En 1893, 75 jeunes détenus sont libérés de Mettray.
Trois ans plus tard, fin 1896, 17 d'entre eux ont en-
couru des condamnations, soit 22.66 0|0 de récidive.

Ces condamnations se répartissent ainsi :

7 libérés ont encouru	1 condamnation	7
5	» 2 »	10
3	» 3 »	9
1	» 7 »	7
1	» 8 »	8
17	Total des condamnations	41

Soit une moyenne de 2 unités 41 centièmes par
tête

Bien que Mettray présente un contingent de récidivistes inférieur à celui des colonies citées plus haut, il
en fournit cependant une quantité notable dans ces
deux années prises comme types : 36 0|0 pour les libé-
rés de 1892 et 22.66 0|0 pour les libérés de 1893.

Sachant, Messieurs, quel intérêt vous portez à cette
colonie, j'ai fait le même travail de recherches depuis
1889. Ce travail manquait. La direction de Mettray qui
est infiniment soucieuse de l'avenir de ses colons avait
fait tout son possible pour se procurer les casiers judiciaires des libérés, mais ses demandes n'avaient pas

toujours reçu de réponses, et, à défaut de documents authentiques, elle avait dû s'en tenir à des renseigne· ments incomplets, malgré tous ses efforts. J'ai pu ré· pondre au désir de son éminent directeur, et voici les résultats officiels en ce qui concerne cet établissement pendant une période de sept années.

En 1889, Metrray libère 80 enfants. Fin 1896, c'est-à-dire au bout de sept ans, 30 été condamnés, soit 37, 50 0[0.

En 1890 : 88 libérés, dont 28, depuis lors, ont été condamnés, soit 31,81 0[0.

En 1891 : 76 libérés, depuis lors, 28 condamnés, oit 37,10 0[0 (c'est la plus forte proportion).

En 1892 : 100 libérés, dont 36 ont été condamnés depuis, soit 36 0[0.

En 1893 : 75 libérés, dont 17 ont été condamnés depuis, soit 22,66 0[0.

En 1894 : 104 libérés dont 19 condamnés, soit 18,26 0[0.

En 1895 : 84 libérés, dont 7 condamnés depuis, soit 8,33 0[0.

Enfin, en 1896 : 93 libérés, dont 4 condamnés au bout d'un an, puisque nous sommes en 1897, soit 4,30 0[0.

J'ai fait, Messieurs, ainsi que je vous l'ai dit, le même travail pour la colonie protestante de Sainte-Foy, colonie très peu nombreuse et parfaitement tenue. Quiconque parmi vous l'a visitée sera de mon avis. C'est là le type de la petite colonie, où les enfants sont surveillés aisément, continuellement, avec méthode, avec sang-froid, avec une lente et patiente attention vers le mieux. Cette colonie libère chaque année fort peu d'enfants, et la proportion de la récidive, traduite en tant pour cent a quelque chose qui choque l'esprit. Il est clair par exemple que si deux enfants sortent d'une colonie et que un soit condamné, on serait mal venu à dire qu'il y a 50 0[0 de récidive. Une pareille conclusion heurterait le bon sens. Il n'y a point là assez de marge pour généraliser. Cette observation faite, et je vous prie de la retenir, voici cependant les résultats pour cette petite colonie de Sainte-Foy :

En 1802, 10 enfants ont été libérés. 4 ans après, fin 1806, 3 avaient été condamnés. 3 sur 10, c'est 30 0|0. En 1803, 14 sont libérés, et, fin 1806, soit 3 ans après, 2 sont retombés sous la main de la justice, 2 sur 14, c'est 14,28 0|0.

Il est bien difficile, je le répète, de tirer une conclusion rationnelle avec de si faibles effectifs. 30 0|0 une année, 14,28 0|0 l'autre, une telle disproportion suffit à montrer un défaut d'équilibre dans la généralisation.

Je rends d'ailleurs hommage au directeur de Sainte-Foy. D'après ses calculs qui manquaient de base authentique et qui, comme ceux de la direction de Mettray, s'appuyaient sur des données incomplètes, le directeur de Sainte-Foy évaluait à une moyenne de 10,30 0|0 la récidive pendant les années 1802 et 1893, et il ajoutait à sa statistique ces mots que je tiens à vous transmettre, car ils révèlent un réel souci pour l'enfance coupable :

« Je suis tout attristé de ne pas obtenir un meilleur
« résultat. Je dois cependant rendre cette justice à mes
« collaborateurs qu'ils font tout leur possible pour ra-
« mener au bien ces enfants qui leur sont confiés.
« Mais que c'est chose difficile! Quelle patience et
« surtout quelle foi il faut déployer! Beaucoup de ces
« enfants n'ont eu que de pernicieux exemples et n'ont
« reçu que de mauvais conseils ; c'est toute une édu-
« cation à démolir, c'est toute une éducation à refaire.
« A la sortie de l'établissement de Sainte-Foy, tout'va
« bien ; je reçois même assez souvent des lettres des
« parents empreintes de reconnaissance. Quelques
« mois écoulés, parfois tout est changé. Comment en
« serait-il autrement quand ils peuvent se rendre
« compte de la conduite de leur père et mère ? Je suis
« même très étonné que le nombre de ceux que le mal

« ressaisit ne soit pas plus considérable et j'en bénis
« Dieu. C'est fort étrange que des hommes de valeur
« se permettent d'en faire retomber la faute sur ce
« qu'ils appellent des bagnes d'enfants, alors qu'il eût
« été si simple de constater que le coupable c'est le
« père, c'est la rue où l'on revient, les polissons que
« l'on rencontre de nouveau. »

J'ai tenu, Messieurs, à placer sous vos yeux l'extrait
de la lettre de M. le directeur de Sainte-Foy, non pas
parce qu'elle lui est propre, mais parce qu'elle traduit
en termes saisissants tout ce que ses collègues, animés
d'un égal amour pour l'enfance coupable, m'avaient
dit. M. le directeur de Sainte-Foy a synthétisé en ces
lignes parfaites les observations de tous, et j'ai copié sa
lettre. C'était pour moi du travail tout fait, avec un
accent de vérité expérimentale que je n'eusse pu y
mettre de moi-même.

Passons maintenant à la colonie privée de Bologne.
Je vous ai dit qu'elle était exclusivement indus-
trielle.

C'est une fabrique de couteaux, de ciseaux, de séca-
teurs. Tous les procédés de division du travail en usage
dans l'industrie moderne y sont appliqués. Chaque
enfant passe successivement dans les divers ateliers,
limage, trempage, repassage, ajustage, polissage. Au
bout de trois ans, il est devenu un ouvrier à peu près
complet.

La direction de cette colonie apporte un grand souci
dans le placement des enfants à leur libération. La
majorité de ces enfants est d'origine urbaine et principalement parisienne (Seine et Seine-et-Oise). Ils trouvent à leur sortie soit un emploi dans les fabriques
similaires de Langres et environs, soit à Paris où le
directeur de Bologne a un représentant qui se charge
de placer les jeunes libérés dans l'industrie du fer et
qui les suit avec attention et dévouement.

Cette colonie représente donc le type industriel et
dans ce type une spécialité, la fabrication des instru-
ments tranchants.

Les résultats obtenus, Messieurs, sont à l'honneur de cet établissement, et il convient de les rapporter non seulement à sa direction qui est toute familiale, mais aussi à la surveillance des enfants durant leur placement.

En 1892, 58 jeunes détenus ont été libérés de la colonie de Bologne, 16 avaient encouru des condamnations jusqu'à fin 1896, soit 27, 58 0|0 C'est un chiffre plus bas que ceux précédemment relevés.

Ces condamnations se répartissent ainsi :

8 détenus	ont encouru	1 condamnation,	soit	8
2	»	2	»	4
2	»	3	»	6
1	»	4	»	4
1	»	6	»	6
1	»	8	»	8
1	»	10	»	10
16			Total.	46

Vous remarquerez qu'il y a peu de condamnés une fois. Au contraire, la récidive est multiple pour la plupart. Les bons sujets sont donc en majorité, mais les mauvais sujets sont détestables. C'est encore la conséquence du retour dans la grande ville. Quand on ne s'y sauve pas, on y est irrémédiablement perdu.

En 1893, le nombre des libérés a été de 37, dont 8 ont encouru des condamnations depuis leur sortie, c'est à dire depuis trois ans (fin 1896). C'est une proportion de 21,62 0|0, donc meilleure que celle des colonies déjà passées en revue.

Mais ici encore nous avons une récidive profonde pour ceux qui ont mal tourné, car sur ces 8 condamnés,

3 ont encouru	1	condamnation		3
2	»	2	»	4
1	»	3	»	3
1	»	6	»	6
1	»	10	»	10
8			Total . . .	26

L'examen du casier judiciaire montre que ces récidivistes ont été à deux ou trois exceptions près justiciables des Chambres correctionnelles du Tribunal de la Seine. Le vol y est rare, mais le vagabondage et les injures à la force publique dominent.

Les constatations que je viens de placer sous vos yeux, cette proportion en réalité très forte de la récidive, vous auront frappé. Je suis assuré que vous avez accueilli ces résultats avec un sentiment de surprise et, qui sait, de désillusion. Vous vous êtes .dit, Messieurs, sinon tous, au moins quelques-uns : Mais ne fait-on pas une œuvre stérile? Quoi, au bout de 3 ans, de 4 ans, nous retrouvons 30 à 35 0p0 au minimum de ces jeunes gens retombés sous la main de la justice? N'a-t-on pas perdu son temps? Non, Messieurs, nous ne l'avons pas perdu. N'oublions pas que tous ces enfants ont été recueillis, je dirais presque ramassés pêle-mêle au pied des tribunaux. C'est la totalité, c'est 100 pour 100 de vauriens, de coupables (quoique le mot ne soit pas judiciairement exact) qui nous ont été confiés. Nous les avons élevés, nous les avons redressés, et au bout de trois ans, de quatre ans, ce sont les deux tiers de ces 100 pour 100, de cette totalité, qui ont su se préserver, grâce à nous, du délit et du crime. Somme toute, ce sont les deux tiers que nous avons sauvés, — rendons-leur justice — qui se sont sauvés au milieu des difficultés et des périls de la vie libre.

Oui, des périls, et certes, des plus grands. Quand on songe au retour de ces enfants dans la vie, on est effrayé des obstacles dressés sur leur chemin. Leur famille, elle est détestable. Ils n'y trouvent que les plus mauvais exemples. Et c'est cependant dans leur famille qu'ils reviennent. Et si la famille a disparu, c'est un sort tout aussi triste qui les attend. Vous figurez-vous un garçon de 20 ans, une fille de 20 ans, obligés de se chercher du travail, de se garer des mauvaises rencontres, de se prémunir contre les entraînements du plaisir, alors que la volonté est faible et que la chair est en plein désir. Songez à tout cela, Messieurs, et laissez parler votre pitié !

J'ai lu tout récemment de savantes dissertations sur les causes de la perversité dans la jeunesse, de cette perversité qui va grandissant, et dont des statistiques aussi exactes qu'impitoyables, nous offrent le tableau. J'ai vu qu'on accusait la diffusion de l'instruction d'être le facteur principal de cette perversité. J'ai vu aussi que l'instruction avait trouvé ses défenseurs. J'ai lu également que cette perversité était imputée à la méconnaissance, à l'oubli, à la répudiation des idées religieuses. Ces thèses, qui toutes, je me hâte de le dire, ont un grand fond de vérité, ne me paraissent cependant pas, ni les unes ni les autres, devoir être adoptées, au moins exclusivement. Ce n'est point à une thèse, mais à une synthèse, qu'il faut recourir si l'on veut, à mon sens, expliquer les raisons de cette perversité criminelle chez les jeunes gens.

Permettez - moi, Messieurs, dussè-je en face des hommes éminents qui ont attaché leur autorité à ces dissertations, vous paraître Gros-Jean faisant la leçon à son curé, de vous dire simplement ce que l'expérience m'a montré.

L'instruction et sa généralisation est-elle la raison dominante de cette perversion des esprits aboutissant à la perversité des volontés ?

L'instruction, Messieurs, c'est la langue d'Esope, c'est ce qu'il y a de meilleur et c'est ce qu'il y a de pire, suivant l'usage auquel elle est appliquée. Et cet usage est subordonné à deux facteurs : d'une part, la volonté personnelle de celui qui se sert de l'instruction et d'autre part l'influence du milieu où il agit. L'instruction est un instrument de bien et aussi un instrument de mal. C'est la lumière qui éclaire et c'est le feu qui incendie. C'est une force ajoutée à l'homme, force qui produit, force qui détruit. Il est bien clair que si l'homme est mauvais, s'il veut le mal ou si, faible, il subit de perni-

cieuses incitations au mal, l'instruction accélèrera sa
perversité ou armera sa faiblesse.

Si l'instruction, au lieu d'avoir pour guide la conscience, qui est la balance infaillible entre le bien et le
mal, obéit à la passion, elle deviendra un coefficient,
c'est-à-dire un multiplicateur de l'effet nuisible. Ce
n'est donc pas à l'instruction en soi, mais à l'homme
qui en est détenteur, que doit être imputé le méfait, le
mal fait par l'instrument. Dès lors, tant vaudra la
conscience ou pour mieux dire l'obéissance à la
conscience qui est l'indicatrice de la loi morale, tant
vaudra l'usage de cette force extérieure à l'homme,
complétive de l'homme, qui s'appelle l'instruction.

Je ne me dissimule pas que, dans cette discussion,
le dernier argument serait : mais pourquoi mettre cet
instrument sous les mains d'enfants dont la volonté
est fragile et dont la conscience est troublée par les
influences ambiantes?

C'est là un argument spécieux dont la réfutation
tiendra en ces mots : Ne laissez pas s'infléchir la conscience, redressez-là, car la conscience n'est pas elle
une force à acquérir, c'est une force naturelle, c'est le
sens moral, identique au sens du goût, au sens de
l'ouïe, au sens du toucher ou de la vue. L'homme ne
les crée pas, ces sens, mais il peut les perdre. La
conscience a toutefois cette supériorité sur les sens ma-
tériels et cette particularité : qu'elle ne se perd pas si
on ne veut pas la perdre et qu'à chaque instant elle ré-
clame, elle crie contre son abandon.

Dès lors, si l'instruction en soi est loin d'être un mal,
son usage est lié à la vie de la conscience, est con-
nexe avec l'obéissance à la conscience, ne vaut que par
l'action réflexe de la conscience.

D'où cette conclusion que donner de l'instruction à
l'enfant sans veiller parallèlement sur sa conscience,
donner à son esprit une arme sans se prémunir contre
l'abus de sa volonté morale, c'est rompre un équilibre
nécessaire et vouer cet enfant à la chute, à la chute
périlleuse pour lui-même et dangereuse pour les autres, c'est-à-dire pour la société.

Il ne faut donc pas, à mon avis, imputer à l'instruction la précocité criminelle de l'enfant, l'instruction est l'un des poids du balancier, l'autre est la conscience. Si les deux poids sont maintenus en équilibre, la marche sera sûre, sinon c'est la chute.

L'influence du milieu est autrement difficile à définir et surtout à combattre. Ici tout est divers et tout est complexe. La famille est le noyau du milieu, et pour les jeunes gens qui nous occupent, ce noyau est gâté. Tout ce qui s'en approche participe de près ou de loin à cette corruption. C'est là un danger dont le remède est introuvable. L'enfant sorti de nos colonies pénitentiaires revient chez lui. Qu'y trouve-t-il ? Les mêmes parents qui l'ont mal élevé, mal surveillé et qui, dans l'immense majorité des cas, sont les véritables auteurs de sa défaillance. Si c'est un garçon, on ne tardera pas à lui faire entendre que sa présence est une gêne et qu'il n'a pas à compter sur un appui moral quelconque. Son retour pourra faire l'objet de quelques libations supplémentaires, mais ce sera tout. Il sera donc réduit à se gouverner tout seul dans cette vie nouvelle où, vous le savez, il risquera de ne rencontrer partout que défiance.

Si l'enfant de retour de la colonie pénitentiaire est une fille, c'est bien pis encore ! A 18 ou 20 ans, une fille, une belle fille, dans une de ces familles odieusement malsaines qui sont si nombreuses dans les grandes villes, mais c'est une aubaine ! C'est de la chair de rapport, et ce n'est point à vous, Messieurs, initiés par vos fonctions aux infamies délibérément acceptées, que j'apprendrai quelque chose en cette matière.

Ne voyez-vous pas de quel utilité seront en pareilles circonstances, aussi bien pour les garçons que pour les filles, les visites des Inspecteurs de l'Assistance publique durant les premiers temps qui suivront la sortie de l'établissement pénitentiaire, durant trois ans comme le prescrit si bien la loi du 5 août 1850. Ces visites seront un coup d'œil jeté sur ce désordre, et le désordre, connu, réprimandé, reproché, c'est presque le désordre arrêté, car il reste au fond de l'âme humaine, même de la plus gâtée, un sentiment — c'est une sorte de survivance de la fierté — qui se rebiffe à la pensée que le désordre moral peut être découvert. L'infâmie se cache, elle redoute le grand jour. Se mal conduire, oui, mais que l'infâmie soit connue, démasquée, notée, non ! — Quant à moi, je ne crois pas me tromper en disant que ces visites, ces surveillances, car il faut bien dire le mot, seront un utile remède. Dans un grand nombre de cas elle empêcheront le mal de se développer sans vergogne, comme il advient trop souvent aujourd'hui.

Les hommes très expérimentés qui ont écrit récemment sur les causes de la perversion morale de la jeunesse et de la précocité criminelle, m'ont paru omettre la principale de ces causes, et à mon sens la cause vraie, car elle s'étend à tous les cas. Bien plus générale que l'instruction, bien plus active que le milieu familial lui-même, cette cause a été passée sous silence, soit par ignorance (ce que je ne crois pas), soit parce que le remède est quasi impossible à trouver, au moins dans son application universelle. Cette cause, est à mon sens, la condition de l'ouvrier et de l'ouvrière dans l'industrie moderne. Je ne l'examinerai bien entendu, qu'en ce qui concerne le jeune homme ou la jeune fille et en particulier (puisque mon sujet m'y oblige) en ce qui concerne le jeune homme ou la jeune fille sortis des établissements pénitentiaires, à l'âge de 18 ou de 20 ans.

L'industrie moderne, avec la division infinie du travail, avec le machinisme qui réduit au minimum l'initiative et l'action de l'ouvrier, a créé la grande usine, le grand atelier. Cette division de la main d'œuvre et cette intervention du travail mécanique ont produit un double effet : le premier a été de supprimer le labeur en famille, dans le petit atelier patronal où sous l'œil parfois un peu dur, mais vigilant et honnête du père, la femme. les enfants et les apprentis travaillaient, s'initiant à tous les détails du métier et l'accomplissant dans la totalité de la production. L'atelier était peu nombreux, mais bien gouverné, et à de rares exceptions près, tout se passait honnêtement. Aujourd'hui, il n'en va plus de la sorte. Le jeune ouvrier, en entrant à l'atelier, plonge dans une foule. Il subit aussitôt la loi pernicieuse de l'imitation. Il n'a point la force de lutter contre le courant qui l'entraîne, et d'ailleurs, il serait balayé par lui. Nous qui n'avons point passé par l'atelier, mais qui sommes passés par le collège, nous nous rappelons très bien que les mauvais sujets dominent les bons, les subjuguent, leur créent la vie difficile, et que si le maître, c'est-à-dire la famille repré·sentée, n'intervient pas. les bons sujets deviennent les victimes des mauvais. N'est-ce pas d'ailleurs l'image de la société ? Il n'y a de défense possible, en dehors de l'autorité, que la force — moyen aléatoire et passager — ou l'hypocrisie, c'est-à-dire la faiblesse jointe à la lâcheté. Dans les ateliers, les jeunes gens succombent donc fatalement, alors même qu'il tentent de réagir. C'est une lutte où la victoire est sinon impossible, du moins singulièrement difficile. Si nous passions en revue les heures de la journée et surtout les heures de la soirée, nous verrions que le jeune homme isolé est malgré soi entraîné au vice, sous des formes bénignes d'abord, puis sous des formes dégradantes.

Et si des jeunes garçons nous passons aux jeunes filles, c'est bien pis. Le tableau de leur déchéance a été si souvent tracé et avec des couleurs si saisissantes qu'il est inutile de le représenter à vos yeux Imaginez une ouvrière de dix huit ou vingt ans, isolée, n'ayant point de famille ou une famille mauvaise. Si elle fuit sa famille pour échapper aux pires conseils, la voyez-vous dans quelque chambre misérable. Pensez-vous que le soir venu, à la sortie de l'atelier, elle aura le courage de rester là seule, dans la tristesse, dans l'ennui, avec ce sentiment de la peur qui étreint presque toutes les femmes. Pensez-vous qu'elle demeurera là, le verrou tiré, sourde aux bruits extérieurs, se confinant dans la sagesse, insensible aux lumières et aux distractions de la rue? Non, l'ennui, le terrible ennui, la poussera dehors, et dehors c'est la perte certaine.

Aussi, Messieurs, ne saurions-nous trop louer ces associations inspirées par la charité, ou si vous préférez le mot, par le bon sens, qui ouvrent aux jeunes filles des refuges où elles sont mises, grâce à quelques distractions, à l'abri de la solitude et de l'ennui, ces deux mortels ennemis des femmes.

Le jeune homme va au cabaret, la jeune fille va au bal, et tous deux se perdent également vite. Le premier abandonne le travail et finit par le délit, la seconde se laisse aller au plaisir et finit par la prostitution, car, comme l'a dit un moraliste amer, c'est la prostitution qui préserve la femme du Code pénal (1).

Si nous analysons les éléments divers qui concourent à la perversion et plus tard à la perversité de la jeunesse, nous trouvons, à mon humble avis : 1° le déséquilibre entre l'instruction de l'esprit et l'éducation de la conscience, la première poussée avec ardeur, la seconde négligée parfois jusqu'à l'abandon, et 2° l'action néfaste de la vie en commun, en particulier de l'atelier qui, dans les conditions de l'industrie moderne, laisse le jeune homme désemparé, perdu dans un milieu troublant où sa volonté déjà très fragile, par suite de l'anémie de sa conscience finit par s'abolir.

Si cette analyse est exacte, quels seraient les remèdes ? Ils consisteraient, d'une part, dans une meilleure éducation de la conscience de l'enfant au cours

____

(1) Un livre récemment publié : *La Prostitution clandestine à Paris* dont l'auteur est M. le docteur Commenge, médecin en chef du dispensaire de la Préfecture de police, contient au sujet de la prostitution des filles mineures, les renseignements les plus précis et les plus intéressants. Nous renvoyons le lecteur qui voudrait se faire une idée de la profondeur du mal à ce livre, qui est une œuvre considérable par la quantité des documents et par l'esprit philosophique qui a présidé à leur mise en valeur.

de la période correctionnelle et, de l'autre, dans un soutien, dans un réconfort apporté au jeune homme à sa sorti e la maison de correction. alors qu'il en a eu à l'atelier et pendant les premières années de son travail en commun.

Examinons ces deux questions et la manière de les résoudre.

L'éducation de la conscience, Messieurs, il ne faut pas aller la chercher autre part que dans l'enseignement de la morale religieuse, de cette morale qui est de tous les temps parce qu'elle ne se préoccupe pas du temps. Au regard de cette morale, il n'y a qu'une chose sérieuse dans la vie : c'est la mort, et c'est en vue de cette échéance qu'il faut apprendre à verser chaque jour son à-compte. Cette morale a pour sanction la vie future, sans l'espérance de laquelle la vie présente ne serait qu'une amère dérision. S'il n'y a pas de vie future, je me demande ce que nous faisons ici. Comme le disait tout récemment un orateur puissant : « Je crois que la vie a un sens. » On chercherait difficilement ce sens au travers des inégalités, des tristesses, des injustices, des misères de l'existence, qui apporte à tous des douleurs et réserve à bien peu quelques joies, encore mélangées. Ce sens, il traverse la vie, pour aller au-delà.

Cette morale religieuse, pensez-vous qu'elle soit le privilège d'une confession quelconque ? Non, certes. Les mêmes principes fondamentaux se trouvent à la base de toutes les religions L'important est que l'éducation de l'enfant, la culture de sa conscience, soient données à la lumière de ces principes qui règlent toutes les heures de la vie parce qu'ils ont pour suprême objet de régler l'heure de la mort.

Dans les maisons correctionnelles, qu'elles soient publiques ou privées, l'enseignement religieux est distribué. La loi de 1850 l'impose et les maîtres de cette jeunesse sont trop expérimentés, trop soucieux de leur tâche pour ne pas s'y conformer. Ce qui manque, peut être, c'est la continuité dans l'effort. L'éducation de la conscience se donne en des leçons excellentes, certes. mais qui ressembledt un peu à ces leçons à jour fixe du gymnase, destinées à activer le développement des membres. Un enfant qui ne marcherait pas, qui ne sauterait pas, qui resterait constamment cloué sur sa chaise et à qui on se bornerait à donner le dimanche matin une leçon de gymnastique se développperait fort mal. Dût cette comparaison vous surprendre, il en va de la sorte pour l'éducation de la conscience. Elle ne doit point être bornée à des leçons à jour fixe. C'est à tout instant que la conscience doit être mise en mouvement, tenue en éveil. Et, en réalité, se passe-t-il autre chose dans les bonnes familles? Connaissez vous un père de famille qui donne à heure fixe et tant de fois par semaine, des leçons de morale à ses enfants? Pour ma part, je n'en connais pas. Mais ce que je sais, c'est que la morale s'enseigne dans la famille par l'exemple d'abord, par la réserve du langage, par un trait jeté dans la conversation, par une réflexion du père survenant à l'improviste, par une parole attendrie de la mère, par une exclamation, par un soupir ! C'est la marche morale, c'est le mouvement moral, semblables à la marche et au mouvement physiques. La conscience se développe comme le corps, par la vie naturelle, c'est-à-dire continue.

C'est cette nutrition morale qui manque dans les maisons d'éducation correctionnelle, et je ne me le dissimule pas qu'il est extrêmement difficile de l'y introduire parce que le nombre des enfants est trop grand et que l'action des maitres ne saurait y être incessante comme celle des parents dans la famille. Néanmoins, des progrès ne soraient pas impossibles en ce sens. Tout peut devenir matière à des observations propres à élargir la conscience de l'enfant, à l'aviver, à la rendre plus ferme. Et cette culture serait le meilleur moyen de fortifier sa volonté qui deviendrait ainsi victorieuse des mauva's instincts.

Cette œuvre difficile n'est point au-dessus des forces des directeurs qui gouvernent les colonies pénitentiaires. Nous en connaissons tous qui s'inspirent de ces sentiments et savent les communiquer. Les lettres que je vous ai lues dans la première partie de ce travail le démontrent surabondamment Vous y avez vu les anciens pupilles se retourner vers leur directeur, aux heures troubles de leur vie, lui demander conseil et qui, chose plus touchante, lui demander pardon pour les leçons oubliées. Ces enfants avaient été pénétrés par cette influence de chaque jour et elle remontait à la surface de leur conscience quand, après l'agitation, revenait le repos.

C'est cette action morale qu'il importe d'encourager et d'étendre en la recommandant aux maîtres et en les choisissant parmi les fonctionnaires les plus aptes à l'exercer. De véritables efforts ont été accomplis en ce sens, et ils tendent à se généraliser, car en face du danger grandissant on en comprend la nécessité et l'urgence.

Les enfants libérés après un pareil régime moral sortiraient de la colonie plus sûrs d'eux-mêmes. Leur cœur n'est pas toujours mauvais, il s'en faut, mais leur volonté est presque toujours très faible. Elle vacille au moindre souffle du mal et c'est pour cela que l'influence du milieu où ils rentrent est si redoutable. Dans leur famille, ils ne trouvent le plus souvent que de mauvais exemples et dans l'atelier que de pernicieux conseils. Il faut les soutenir et les soutenir équivaut, quelque définition que vous donniez au mot, à ceci : les surveiller. L'Assistance publique peut se charger de ce soin par les visites de ses inspecteurs. Enfin, les sociétés de patronage, sous leurs formes multiples, font une œuvre excellente. Elles s'en acquittent déjà de leur mieux, mais leurs efforts ne sont pas suffisamment encouragés et la bourse des honnêtes gens ne s'ouvre peut-être pas assez largement pour leur venir en aide. Ce serait pourtant une prime d'assurance bien placée.

Pour les jeunes filles surtout, cette action tutélaire

de l'Assistance publique donnerait un résultat socialement appréciable.

Dans toute femme qui se perd, il y a une force qui disparaît. C'est une famille qui sombre avec elle, car elle n'entre plus guère en ligne de compte pour la transmission de la vie, ou, si elle y entre, c'est un malheur ajouté à une faute. L'ouvrière qui se gâte est une mère de famille qui s'abolit elle-même.

Voilà, Messieurs, le bénéfice moral et social qui sortirait, ce semble, de l'application de l'article 19 de la loi du 5 août 1850, article demeuré jusqu'ici lettre morte et dont la mise en pratique eut retenu bien des défaillances, eût arrêté bien des chutes. Il n'est point trop tard pour le ressusciter, cet article, et il y a vraiment urgence, car la condition des enfants libérés de nos maisons correctionnelles devient de plus en plus douloureuse pour eux et de plus en plus dangereuse pour nous. Cette réforme, si elle est accompagnée d'une éducation morale sérieusement donnée et s'inspirant des principes qui seuls l'assurent, qui seuls donnent de l'énergie à la volonté individuelle par la culture continue de la conscience, cette réforme, dis-je, amènerait une notable modification dans le sort de nos enfants rendus à la vie libre.

Vous excuserez, Messieurs, ce long travail où je n'ai apporté d'autre souci qu'une parfaite bonne foi, d'autre mérite qu'une sincère pitié. Quand je considère ces enfants ces jeunes gens qui sortent de nos maisons de correction, quand je songe aux obstacles accumulés sur leur chemin, je me demande si, à leur place, et à leur âge, nous n'aurions point fait pire. Aussi, loin de m'étonner de cette proportion pourtant énorme de 35 à à 40 0/0 de récidive après une période de trois ou quatre ans, je serais presque d'avis de renverser la thèse et de dire, c'est 60 0/0 que nous avons assainis et remis à neuf sur la totalité de ces déchets sociaux que nous avons reçus de la Justice.

Loin de voir dans nos maisons de correction ces bagnes modernes, comme on les a si injustement appe-

lées, et dans leurs directeurs des gardes-chiourme à
l'esprit étroit et dur, j'affirme au contraire que ces
établissements tendent de plus en plus à se transfor-
mer en écoles de réforme où le cœur ne perd jamais
ses droits, parce que ce sont des hommes de cœur qui
les dirigent. L'idée de cette transformation, Messieurs,
vous est due, et il a été, en ce sens, prononcé ici même
des paroles fécondes. Le système pénitentiaire a été
renouvelé depuis vingt ans. Il n'a plus seulement pour
objet l'exécution des châtiments prononcés par la Justice, mais le relèvement et l'amendement des coupables. Ce sont les enfants qui doivent être les bénéficiai-
res privilégiés de ces progrès, car l'enfant c'est l'avenir
dont il ne faut jamais désespérer. On peut perdre toute
illusion devant les vieux coupables dont le méfait est
devenu la carrière, mais il ne faut pas se décourager
devant l'enfant, même le plus pervers. Ne point désespérer de lui est la meilleure manière de lui redonner
l'espérance. C'est, comme dirait le poète latin, la dernière révérence qu'il faille lui garder. Ne rien en augurer que de honteux serait commettre un outrage envers
sa jeunesse même.

Loin donc de nous associer aux critiques que des
esprits prévenus ou singulièrement mal informés ont
dirigées contre nos maisons de correction, continuons
à honorer les hommes remplis d'abnégation et de mérite qui, depuis le sommet de la hiérarchie jusqu'aux
plus humbles fonctions, se livrent tout entiers à cette
tâche difficile. Vous avez été témoins de leurs efforts,
publions-les hautement. Que les honnêtes gens leur
témoignent leur reconnaissance et ne laissent pas ce
soin exclusivement aux libérés dans les moments de
détresse.

Mais insistons auprès de ces maîtres dévoués de la
jeunesse coupable pour que, parallèlement à l'enseignement des esprits, ils cultivent les consciences sans
perdre un instant de vue qu'en dehors de la conscience,
dépositaire de la loi morale, il ne saurait y avoir de
volonté ni forte, ni droite. Si cette œuvre était accom-

plie à la lumière des principes immuables qui règlent la destinée de l'homme, il y aurait moins d'irrémédiables défaillances.

Enfin, que la société elle-même ne détourne pas les yeux de ces malheureux enfants. Qu'elle ne voie pas en eux des coupables, puisque la Justice ne les a pas traités comme tels. Qu'elle se montre bonne en les affranchissant de cette tache qui semble les souiller encore malgré des années passées sous la discipline, et pour cela, qu'elle les immatricule au nombre des enfants qu'elle assiste, car ils ont besoin d'être transplantés dans ce milieu favorable à la pitié où ils trouveront un appui, à défaut de celui que la famille ne leur offre plus et que le travail en commun ne leur fournira pas. Que la société seconde les efforts de ces volontés débiles qui se sont ressaisies avec tant de peine et qu'elle les soutienne dans les premières étapes d'une vie nouvelle.

En un mot, Messieurs, et pour me résumer, mettons beaucoup de prévoyance humaine et un peu d'éternité dans notre œuvre.

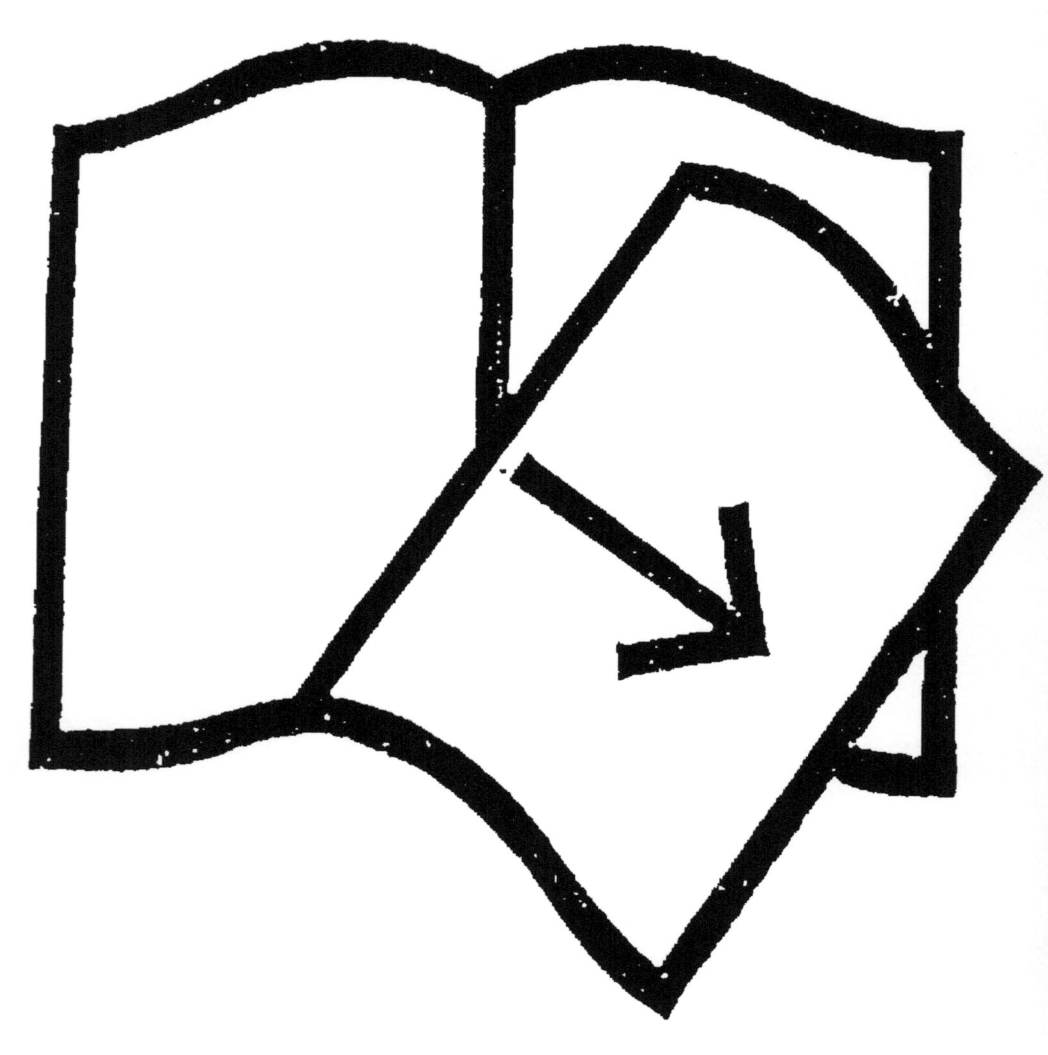

Documents manquants (pages, cahiers...)
NF Z 43-120-13